Königs Erläuterungen Spezial

Erläuterungen zu

Lyrik der Gegenwart (1960 bis heute)

von Gudrun Blecken

Bange Verlag

Für Philipp

Hinweis:
Die Rechtschreibung wurde der amtlichen Neuregelung angepasst. Zitate von Walter Benjamin, Hans Magnus Enzensberger, Günter Grass, Marie Luise Kaschnitz und Ursula Krechel müssen auf Grund eines Einspruches in der alten Rechtschreibung übernommen werden.

1. Auflage 2009
ISBN: 978-3-8044-3028-0

Lektorat: Dr. Oliver Pfohlmann, Bamberg
Titelabbildung: © Roy Lichtenstein/VG Bild-Kunst
Foto: akg-images
Hersteller: Pia Mankopf, MP Medien & Print, Neuenmarkt
Druck und Weiterverarbeitung: Tiskárna Akcent, Vimperk

Vorwort

Der vorliegende Band *Lyrik der Gegenwart (1960 bis heute)* aus der Reihe *Königs Lyrikinterpretationen* will mit übersichtlichen und auf das Wesentliche konzentrierten Hinweisen in die literarische Epoche einführen und gleichzeitig auch Wege für eine tiefer gehende Beschäftigung eröffnen.

Der erste Teil des Buches präsentiert allgemeine Informationen zur Epoche wie die Begriffsklärung, die Erhellung des zeitgeschichtlichen und geistesgeschichtlichen Hintergrunds und die Vorstellung der charakteristischen Themen und der die Epoche prägenden Autorinnen und Autoren. Er schließt mit einem „Epochenblatt" ab, das im Kern alle Basisinformationen enthält und sofort beispielsweise als Kopiervorlage für den Unterricht eingesetzt werden kann.

Der zweite und umfangreichere Teil des Buches beschreibt die prominenten Dichterinnen und Dichter der Epoche anhand exemplarischer lyrischer Texte. Die erarbeiteten Deutungen der Texte orientieren sich an textimmanenten und biografisch-historischen Interpretationsansätzen. Dabei sind die Deutungen der Gedichte grundsätzlich als Vorschläge und keinesfalls als feststehende Bedeutungszuschreibungen aufzufassen, was dem mehrdeutigen Charakter literarischer Texte zuwiderlaufen würde. Ein Glossar rundet das Angebot ab.

Das Buch eignet sich für Schülerinnen und Schüler, die sich intensiv auf die jeweilige Epoche oder ganz allgemein das Unterrichtsthema „Gedichtinterpretation" vorbereiten wollen. Für Lehrerinnen und Lehrer soll es Unterrichtsanregungen bieten, gleichzeitig stellt die Auswahl von Gedichten, die weniger bekannt sind und damit auch weniger in der einschlägigen Schülerlernhilfenliteratur auftauchen, auch einen möglichen Vorrat „geheimer Texte" für Klassenarbeiten dar.

I. Die Lyrik der Gegenwart (1960 bis heute)

1. Begriffsklärung/Zeitspanne

Mit dem Jahr 1960 wird auf ein relativ **willkürlich gewähltes historisches Datum** Bezug genommen, mit dem eine bestimmte Menge von lyrischen Texten ab- und eingegrenzt werden soll. Literarhistorisch betrachtet ist das Datum bedeutungslos. Allenfalls könnte man aus einer rückwärtsgewandten Perspektive festhalten, dass die 1960er Jahre in der deutschsprachigen Literatur einen Paradigmenwechsel markierten, der sich vor allem durch die starke Betonung des Politischen in der Literatur auszeichnete (Ost-Westkonflikt, Vietnamkrieg usw.). In der (auch gesellschaftlich nach 1960 immer stärker werdenden) **Auseinandersetzung mit der Shoah** öffnete sich die Lyrik der Darstellung von unaussprechbarem, von der deutschen Geschichte verursachtem Leid. In der Arbeiterlyrik wurde der Naturraum, der noch in den 1950er Jahren der dominierende lyrische Ort war, durch die moderne Arbeits- und Industriewelt ersetzt. Gleichzeitig griff die lyrische Produktion auch nach 1960 noch auf traditionelle Ansätze zurück und entwickelt sie z. B. in der Naturlyrik weiter. Neue poetologische Wege wurden vor allem in der experimentellen Lyrik beschritten.

Betonung des Politischen

Die **wesentlichen Tendenzen** der Lyrik nach 1960 sind somit die
- konkrete/visuelle Poesie,
- die politische Lyrik,

- die Alltagslyrik/Neue Subjektivität sowie
- die Lyrik der Postmoderne.[1]

Wenn man also von der Lyrik „nach 1960" spricht, dann meint man einen Textkorpus, der dieser Klassifizierung inhaltlich und formal entspricht. Dabei ist zu bedenken, dass die Produktion der Autorinnen und Autoren in mehr als nur eine dieser Kategorien fallen kann. Die vorliegende Darstellung orientiert sich gleichwohl an dieser Einteilung und versucht, jeweils typische Beispiele aus der jeweiligen dichterischen Produktion heranzuziehen.

1 Die ausgewählten Gedichte des vorliegenden Bandes lassen sich diesen „Tendenzen" jeweils idealtypisch zuordnen: konkrete/visuelle Poesie (vgl. II.1 und II.2), politische Lyrik (vgl. II.3–II.8), Alltagslyrik/Neue Subjektivität (vgl. II.9–II.14), Lyrik der Postmoderne (vgl. II.15–II.17).

2. Zeitgeschichtlicher Hintergrund

Am Ende der 1950er Jahre waren der **Wiederaufbau und die politische Westintegration** der Bundesrepublik (Nato-Beitritt 1955, EWG-Vertrag 1957) abgeschlossen. Der Bau der „Mauer" durch die DDR 1961 zementierte den Status quo der deutschen Teilung, der „Kalte Krieges" zwischen Ost und West dominierte die Weltpolitik. In den 1960er Jahren kam es zur ersten Wirtschaftskrise der Nachkriegszeit, die sich 1966 durch steigende Preise und einen durch den beginnenden Strukturwandel z. B. in der Montanindustrie bedingten Anstieg der Arbeitslosenzahl bemerkbar machte. Die Regierungszeit des ersten Bundeskanzlers Konrad Adenauer ging 1963 zu Ende und markierte damit auch personell das **Ende der Aufbauära.**

Von 1966 an regierte die SPD die Bundesrepublik, zunächst in einer großen Koalition, ab 1969 dann in einer Koalition mit den Liberalen unter Bundeskanzler Willi Brandt bzw. Helmut Schmidt. Die SPD setzte mit ihrer innenpolitisch umstrittenen Ostpolitik auf Entspannung und Vertrauensbildung zwischen den Machtblöcken („Ostverträge", 1972). Gesellschaftlich waren die 1960er und 1970er Jahre von **heftigen Auseinandersetzungen, kulturellen Umbrüchen und Generationenkonflikten** geprägt: Eine marxistisch-maoistisch orientierte „Außerparlamentarische Opposition" (APO) richtete sich gegen die Politik der Großen Koalition (z. B. 1968 gegen die „Notstandsverfassung"), gegen den Krieg der USA in Vietnam sowie grundsätzlich gegen die Werte einer bürgerlichen Gesellschaft („Studentenrevolte", Auseinandersetzung mit der verdrängten NS-Vergangenheit der Eltern-Generation). In den 1970er Jahren mündeten militante Ausläufer der **Protestbewegung** in den Terrorismus der RAF („Rote Armee Fraktion"), in deren Verlauf zahlreiche Straftaten (darunter über 30 Morde) begangen wurden. Kriminelle „Höhepunkte" waren im „deutschen Herbst" 1977 die Ermordung des Generalbundesanwalts Siegfried Buback, des Vor-

Studentenrevolte und „deutscher Herbst"

standssprechers der Dresdner Bank Jürgen Ponto und des Arbeitgeberpräsidenten Hanns Martin Schleyer durch die RAF.

Die DDR, die sich seit 1961 durch den „Mauerbau" vor dem Westen abgeschottet hatte, reagierte in den 1970er Jahren auf die lauter werdenden Kritik ihrer Intellektuellen an der herrschenden Bevormundung und den Entwicklungen im real existierenden Sozialismus mit der Bespitzelung durch Staatssicherheit und einem Heer „informeller Informanten", der Verhängung von Berufsverboten, mit Inhaftierung sowie mit **Ausbürgerungen und Abschiebungen.** Prominente DDR-„Dissidenten" sind Jürgen Fuchs, Wolf Biermann, Rudolf Bahro, Erich Loest, Hans Mayer und Bettina Wegener.

Die 1980er Jahre waren in der Bundesrepublik gekennzeichnet durch den Regierungswechsel von der sozial-liberalen zur christlich-liberalen Koalition von CDU und FDP unter Führung von Bundeskanzler Helmut Kohl. Die Opposition gegen den so genannten „Nato-Doppelbeschluss" 1979 (Erweiterung der nuklearen Mittelstreckenwaffen in Westeuropa) und ein zunehmendes ökologisches Bewusstsein führten zur Gründung zahlreicher **Bürgerinitiativen, Friedens- und Umweltschutzbewegungen sowie alternativer politischer Gruppierungen.** Bei der Bundestagswahl 1983 zog erstmals die 1980 gegründete Partei „Die Grünen" in den Bundestag ein. Die Neuausrichtung der sowjetischen Politik, die der neue Parteichef Michail Gorbatschow mit den Schlagworten „Perestroika" (Umgestaltung, Umbau) und „Glasnost" (Transparenz, Offenheit) betrieb, führte zusammen mit dem gewaltlosen Widerstand der DDR-Bürger 1989 zur Öffnung der Grenze zwischen den beiden deutschen Staaten (9. 11. 1989) und im Jahr darauf zur offiziellen Wiedervereinigung (3. 10. 1990).

Mauerfall und Wiedervereinigung

Die 1990er Jahre wurden außenpolitisch bestimmt durch die **Neudefinition der Rolle,** die das wiedervereinigte Deutschland in Europa und der Welt spielen sollte (Beteiligung an Kampfeinsätzen der NATO, Diskussion über einen ständigen Sitz im UN-Sicherheitsrat).

Insbesondere die rot-grüne Regierung unter Bundeskanzler Gerhard Schröder trug durch die Entscheidung für den ersten Kampfeinsatz deutscher Soldaten nach dem Zweiten Weltkrieg (Kosovo-Einsatz 1999) zu der Neubestimmung der Rolle Deutschlands bei. Diese Politik wurde von der seit 2005 regierenden Großen Koalition unter der Führung von Bundeskanzlerin Angela Merkel fortgesetzt. Innenpolitisch waren die Anstrengungen darauf gerichtet, die **kulturelle und materielle Überwindung der Teilung** und den Aufbau der neuen Bundesländer voranzutreiben.

Gleichzeitig kam es zu einer (letztlich bis heute andauernden) gesellschaftlichen Aufarbeitung der DDR-Vergangenheit und der Rolle der Intellektuellen im SED-Staat (Stichwort: Stasi-Akten). Die Diskussion begann bereits 1990 mit dem so genannten **„deutsch-deutschen Literaturstreit"** um die ostdeutsche Autorin Christa Wolf und ihre Erzählung *was bleibt* (1990).

3. Geistesgeschichtlicher Hintergrund und Literaturtheorie

Die beiden wichtigsten geistesgeschichtlichen Strömungen nach 1960 waren einmal die Weiterführung des Projekts der „Moderne“, zum anderen die Entwicklung der Postmoderne. Beide Strömungen hatten großen Einfluss auf bildende Kunst, Musik und vor allem Literatur. Auch die Lyrik jener Jahre folgte diesen Strömungen. Daneben repräsentierten gerade lyrische Texte gute Beispiele für die Darstellungen der unterschiedlichen literaturtheoretischen Konzepte nach 1960, die im Folgenden skizziert werden:

Moderne und Postmoderne

Die Sprachskepsis der „Nullpunkt-Literaten“ findet ihren nachhaltigsten Ausdruck in der **experimentellen Poesie**, die sich an expressionistischen und dadaistischen Vorkriegstraditionen orientiert. Eine radikale Form des Sprachexperiments praktizierte die **„Wiener Gruppe“** (1954–1964), zu der u. a. Hans Carl Artmann (1921–2000), Friedrich Achleitner (geb. 1930) und Gerhard Rühm (geb. 1930) gehörten und der auch Ernst Jandl (1925–2000) nahe stand. Ihre Texte und vor allem die als Happenings inszenierten Lesungen sollten provozieren und hatten das Ziel, die Mechanismen der traditionellen Rezeptionsformen von Kunst offenzulegen und zu hinterfragen. Im Rückgriff auf „konkrete Kunst“, einer seit Mitte der 1920er Jahre existierenden ungegenständlich-abstrakten Kunstrichtung (Theo van Doesburg, Max Bill), die auf geometrisch-wissenschaftlichen Gesetzmäßigkeiten aufbaut und ohne abstrakt-symbolischen Gehalt auskommen will, kreierte der Schweizer Eugen Gomringer (geb. 1925) 1953 den Begriff „konkrete Poesie“. Darunter ist eine Dichtung zu verstehen, die sich auf das Sprachmaterial, sogar auf das einzelne Wort konzentriert und dabei völlig auf narrative Elemente verzichtet. Ernst Jandl schrieb 1974:

„konkrete Poesie“

„Da das Gedicht und das Erlebnis ein und dasselbe sein sollen, müssen sie aus den gleichen Bestandteilen und dem gleichen Material bestehen. Erlebnisse gibt es aus den verschiedensten Bestandteilen, aus dem verschiedensten Material. Gedichte gibt es aus den verschiedensten Bestandteilen, aber alle nur aus einem einzigen Material, Sprache. Um ein Erlebnis und ein Gedicht identisch zu machen, ein einziges Ding, wird dieses Ding aus dem Material des einen der beiden, Erlebnis und Gedicht, bestehen müssen, das nur über ein einziges Material verfügt: Das Resultat kann daher nur sein: ein Erlebnis aus Sprache, ein sprachliches Erlebnis, das zugleich ein Gedicht ist.
Alles, was an einem Gedicht nicht Erlebnis sein kann, ein direkt und unmittelbar übertragbares Erlebnis, muss für diesen Zweck aus dem Gedicht verschwinden, jedes Berichten von etwas, von Erfahrungen, Beobachtungen, Reflexionen, jedes Mitteilen (…)"[2]

Zur experimentellen bzw. konkreten Poesie gehören **akustische Texte**, also z. B. die Laut- und Buchstabengedichte Ernst Jandls oder die Dialektgedichte Hans Carl Artmanns und der „Wiener Gruppe". In der berühmten Anthologie *konkrete poesie* (1972) von Eugen Gomringer formuliert der Herausgeber Definitionen der einzelnen Subgenres. Unter dem Stichwort „dialektgedicht" beispielsweise liest man:

„dialektgedichte gehören zu den wiederentdeckungen der konkreten poesie. entgegen der erwartung sind sie in vielen fällen nicht nur sprechgedichte, sondern wesentlich visuelle dichtung. von dialektgedichten traditioneller art unterscheiden sie sich wie alle visuelle poesie als teil der konkreten poesie durch die bewusste beobachtung des sprachmaterials (in mehrfacher hinsicht), womit die originalität und die sprachschöpferische basis der dialekte erst recht entdeckt werden."[3]

2 Jandl, *Das Gedicht zwischen Sprachnorm und Autonomie*, S. 418.
3 Gomringer, *konkrete poesie*, S. 165.

Auch **visuelle Texte** zählen zur experimentellen Lyrik, also z. B. die Ideogramme Timm Ulrichs (geb. 1940), die Piktogramme Claus Bremers (1924–1996) oder die Konstellationen Eugen Gomringers, bei denen Inhalt und Struktur zum Teil auch bedeutungsgleich sind (vgl. z. B. *Schweigen* von Eugen Gomringer). Während Ideogramme als Gebilde aus Buchstaben und Wörtern und Piktogramme als figurliche Anordnungen bestimmt sind, werden „Konstellationen" von Gomringer als „Mischformen" definiert:

> *„konstellationen zählen wie die ideogramme, mit denen sie oft mischformen bilden, zu den charakteristischen gestaltungen der konkreten poesie. im gegensatz zu den ideogrammen sind konstellationen nicht unbedingt geschlossene gebilde, was durch die anwendung von techniken wie kombination und permutation oft verhindert wird. wesentliches merkmal ist sowohl bei buchstaben- wie bei wort- und satzkonstellationen der einbezug des raumes als zwischen- und umgebungsraum, der einzelne elemente nicht nur trennt, sondern auch verbindet und dabei assoziationsmöglichkeiten schafft. konstellationen benötigen deshalb meist keine verbalen bindemittel. ein besonderes merkmal ist die dadurch ermöglichte inversion der elemente, deren semantische auswirkungen miteinbezogen werden. konstellationen sind in mehrfacher hinsicht bausteine internationaler kommunikation. In den besten fällen sind konstellationen aber auch weise spiele."*[4]

Die konkrete Poesie lässt sich vielfach nur schwer deuten, da sie sich oft nur auf die Sprache selbst bezieht, die sie zu ihrem Gegenstand macht und in deren Innerstes sie vordringen will. Das schließt aber gesellschaftskritische Implikationen dieses poetischen Genres nicht aus (vgl. z. B. Jandls *wien: heldenplatz,* Kap. 2.2).
Gegen Ende der 1950er Jahre vollzog sich in der Lyrik ein **Paradigmenwechsel,** der sich durch die **Annäherung an die politische Realität** auszeichnete. Schon 1956 hatte Günter Eich (1907–1972)

4 Ebd.

Gedichte als Orientierungshilfen in der Realität verstanden. In den 1960er Jahren verstärkte sich die politische Dimension in der Lyrik-Produktion. Themen wie soziale Ungerechtigkeit, Arbeitsbedingungen in der modernen Industriegesellschaft oder die bis dahin weitgehend verdrängte bzw. verschwiegene NS-Vergangenheit wurden zunehmend aktuell. Horst Bingel (geb. 1930) formulierte in seiner Sammlung *Zeitgedicht* (1963) die Aufgabe des modernen Dichters: „Die Wachheit seines Bewusstseins muss die aller werden, der Bauern, Handwerker, Angestellten."[5] Insbesondere der Lyrik wurde nach 1960 eine **Aufklärungsfunktion** zugesprochen. Peter Rühmkorf (1929–2008) vertrat die These,

zunehmende Politisierung

> *„dass es dem Vers sehr gut anstehen würde, wenn er dort Laut gibt, wo stummes Einvernehmen waltet zwischen Führungskräften und Angeführten; wenn er dort Zweifel säte und Skrupel entfachte, wo das Verhängnis sich als demokratisch gewählt täglich rechtfertigen kann; wenn er dort unangemeldet mit der Wahrheit hervorkäme, wo das Geschäft der Wahrheit schon von niemandem sonst mehr besorgt wird."*[6]

Neben Eich, Rühmkorf und Günter Grass (geb. 1927) zählen zu den politischen Dichtern v. a. Hans Magnus Enzensberger (geb. 1929) und Erich Fried (1921–1988). Aus der DDR kommen v. a. Günter Kunert (geb. 1929), Wolf Biermann (geb. 1936) und Sarah Kirsch (geb. 1935) hinzu.

Die Protestbewegungen der späten 1960er Jahre stellten die Daseinsberechtigung von Literatur insgesamt in Frage, die nun im Zuge einer radikalen Politisierung als Luxusprodukt einer überkommenen bürgerlichen Gesellschaft erschien. **„Tod der Literatur"** lautete die provokante (Fehl-)Diagnose in dem von Hans Magnus Enzensberger herausgegebenen *Kursbuch 15.* In den 1970er Jahren

5 Bingel, S. 122.
6 Rühmkorf, S. 57.

entwickelte sich als Spätfolge der 68er-Studentenbewegung mit der **„Alltagslyrik"** bzw. einer „Lyrik der neuen Subjektivität" eine Gegenbewegung zur hermetischen Lyrik (z. B. Paul Celan) einerseits und der allzu politischen agitprop-Lyrik[7] andererseits. Der Lyriker und Kritiker Jürgen Theobaldy (geb. 1944) legte 1977 die Anthologie *Und ich bewege mich doch* mit Gedichten dieses Genres vor. Theobaldy beschreibt die Poetologie der „neuen Subjektivität" als ein Bewusstmachen des individuellen Erlebnisses:

„neue Subjektivität"

> *„Mitteilung aber statt Monolog, Erlebnis statt Idee, Wörter statt des Worts, Umgangssprache statt Chiffre, – damit entziehen sich die neuen Gedichte der Verfügungsgewalt weniger Spezialisten, ohne deswegen nur bessere Schlagertexte zu sein. Diese Lyrik ist aktuell in dem Sinn, dass in ihr keine Zeitflucht stattfindet, auch nicht nahegelegt wird; vielmehr fließen jene Inhalte in sie ein, die auch gesellschaftlich aktuell sind, gerade weil sie in den offiziellen Verlautbarungen um ihre Widersprüche gebracht werden, entschärft durch Sprachregelungen, verwaschen. Die ‚kleinen Dinge' bei [Rolf Dieter] Brinkmann zum Beispiel, das sind nicht Wörter, die ein beschädigtes Leben beschönigen, indem sie diesen Zustand in herkömmlicher Sprache fassen, vielmehr geben diese ‚kleinen Dinge' Gesellschaft wieder, Welt, Leben, verdichtet zu einigen Zeilen. Sie drücken nicht Protest aus, sie sind Protest, Einspruch, Gegenbilder."*[8]

Die Betonung der Subjektivität ist ein Zeichen für die **Tendenzwende,** die die deutsche Lyrik nach einer Zeit der hermetischen, politischen und agitprop-Poesie um das Jahr 1975 herum vollzieht.[9] Die **Neu-Entdeckung von Individuum und Subjektivität** ging

7 In den 1920er Jahren entstandene Form der marxistischen Lyrik, die Agitation und Propaganda verbindet.

8 Theobaldy, S. 423 f.

9 Vgl. Willbert, S. 109.

einher mit einem erstarkten Interesse am Privaten sowie an einer Poesie, die nicht im Dienste politischer Auseinandersetzungen stehen sollte. Rühmkorf beschrieb diese Tendenzwende bereits 1975 und begründet sie mit dem Verlust an einer politischen Orientierungsgröße nach dem Scheitern der 68er-Bewegung: „Fast bei allen in Frage stehenden Autoren datiert die Geburtsstunde des neuen Ich-Gefühls mit Zerfall der Studentenbewegung."[10]

Diese **Wende zur Postmoderne** hinein ist dadurch gekennzeichnet, dass sie sprachlich-formal und inhaltlich kaum auf einen gemeinsamen Nenner zu bringen ist, weil sie sich aus der Fülle der poetischen Tradition bedient: Der **Zug ins Private,** Alltägliche und Heimatliche ist dabei genauso ein Merkmal wie die Beachtung gesellschaftspolitischer bzw -kritischer Perspektiven (vgl. z. B. Durs Grünbein in Kap. 16.2), ohne dass die Texte deshalb zum rein politischen (Propaganda-)Gedicht verkommen. Die Postmoderne zeichnet sich auch dadurch aus, dass in ihr programmatisch die **Grenzen zwischen „U" und „E"** (Unterhaltung und Ernst), zwischen hoher und niedriger Kunst überwunden werden sollen: *Cross the border, close the gap* lautete der Titel eines wirkmächtigen Essays des US-amerikanischen Literaturkritikers Leslie A. Fiedler, der 1968 sowohl in der Zeitung *Christ und Welt* als auch im *Playboy* erschien. Die aus den USA kommende **„Pop-Art"** in der Malerei, die Motive der Massenmedien und Werbung aufgriff, ist dafür ein Beispiel.

postmoderne Lyrik

Der wohl wichtigste philosophische Einfluss in der Postmoderne ist der vor allem aus Frankreich kommende **Poststrukturalismus bzw. Dekonstruktivismus,** der von Jacques Derrida (1930–2004) begründet wurde und behauptet, dass es feststehende Bedeutungen nicht gibt, dass Sinn und Bedeutung letztlich stets verfehlt werden, und der in seinen Literaturinterpretationen vor allem auf Widersprüche und Paradoxien achtet.

10 Rühmkorf, S. 89.

Die **Bandbreite der Themen** postmoderner Lyrik reicht von

- Alltagsbeobachtungen (vgl. Hans Magnus Enzensbergers *Autobahndreieck Feucht*),
- Sexualität (vgl. Ralf Theniors *Die Fastfrau,* Kap. 4 des ersten Teils dieser Erläuterung),
- Natur (vgl. Karl Krolows *Neues Wesen* in Kap. 15.2) bis hin zur
- Aufarbeitung der DDR-Vergangenheit (vgl. Grünbeins *Nostalgischer Krebs*, Kap. 16.2) und dem
- Engagement für Frieden und Abrüstung (vgl. z. B. Ulla Hahns *Kreuzweise*, Kap. 4 des ersten Teils dieser Erläuterung).

Sprachlich ist eine radikale Abkehr von der hermetischen Sprache z. B. eines Paul Celan zu beobachten. Es sind Texte, in denen ein **prosanaher Parlando-Ton** vorherrscht, der potenziell von jedem verstanden werden will. In sprachlich-formaler Hinsicht steht daneben auch eine Renaissance poetischer Traditionen: Klassische lyrische Formen werden erneut verwendet, der Unterschied zwischen der lyrischen Sprache und der Prosa wird wieder ernst genommen.[11] Charakteristisch für das postmoderne Gedicht ist das Nebeneinander-Stehen dieser zum Teil widersprüchlichen Tendenzen, das Spiel mit poetischen Traditionen, aber auch ihr ernsthaftes Aufgreifen.

11 Willbert, S. 115.

4. Themen und Autoren

Lyrische Texte reflektieren und kommentieren **zeitgeschichtliche Ereignisse wie Vertreibung, Heimatlosigkeit und Umweltzerstörung.** Am deutlichsten wird das am Thema „Shoah" und an der politischen Lyrik der 1960er und 1970er Jahre. Gerade das Thema der Ermordung der europäischen Juden durch die Nationalsozialisten macht klar, dass die moderne Lyrik sich auch verstärkt dem Hässlichen und Bösen öffnet und nicht mehr nur das Erhabene oder das Schöne gestalten will. 1949, unmittelbar nach seiner Rückkehr aus dem Exil, hatte Theodor W. Adorno seinen berühmten (und vor allem auf die unpolitische Naturlyrik abzielenden) Satz geschrieben, der auch nach 1960 die lyrische Auseinandersetzung mit dem Holocaust bestimmte:

„Nach Auschwitz ein Gedicht zu schreiben ist barbarisch"

> *„Kulturkritik findet sich der letzten Stufe der Dialektik von Kultur und Barbarei gegenüber: Nach Auschwitz ein Gedicht zu schreiben ist barbarisch, und das frisst noch die Erkenntnis an, die ausspricht, warum es unmöglich ward, heute Gedichte zu schreiben"*[12]

Die sprachliche Gestaltung des Unaussprechbaren wird zur Herausforderung und zum Ausdruck der die Moderne bestimmenden Sprachkrise.

In den 1950er Jahren dominierte noch das Genre **Naturlyrik.** Richtungsweisend wurde die 1950 erschienene Anthologie *Ergriffenes Dasein* von Hans Egon Holthusen (1913–1997) und Friedhelm Kemp (geb. 1914). Das Hauptmerkmal der naturlyrischen Texte ist

12 Theodor W. Adorno: *Kulturkritik und Gesellschaft.* In: Ders.: Gesellschaftstheorie und Kulturkritik. Frankfurt am Main: Suhrkamp, 1975, S. 46–65, hier S. 65. Adorno hat 1966 sein viel diskutiertes Diktum nach Einsprüchen etwa von Paul Celan in seiner *Negativen Dialektik* zurückgenommen: „Das perennierende Leid hat so viel Recht auf Ausdruck wie der Gemarterte zu brüllen, darum mag falsch gewesen sein, nach Auschwitz ließe kein Gedicht mehr sich schreiben." Adorno: *Gesammelte Schriften*, Bd. 6, Frankfurt am Main: Suhrkamp, 2008, S. 355.

die Schaffung einer heilen unpolitischen Welt mit Hilfe einer vorwiegend traditionellen Metaphorik.
Innovativ-kritisch gingen die beiden ostdeutschen Lyriker Peter Huchel (1903–1981; *Das Zeichen*, 1963) und Johannes Bobrowski (1917–1965; *Sarmatische Zeit*, 1961) mit der Naturthematik um. In ihren Texten wird die **Natur-Metaphorik als Illusion entlarvt** und bereits mit der **politischen Zeitgeschichte** verbunden.

Peter Huchel
***Das Zeichen* (1963)**

Baumkahler Hügel,
noch einmal flog
am Abend die Wildentenkette
durch wässrige Herbstluft.
War es das Zeichen?
Mit falben Lanzen
durchbohrte der See
den ruhlosen Nebel.

Ich ging durchs Dorf
und sah das Gewohnte.
Der Schäfer hielt den Widder
gefesselt zwischen den Knien.
Er schnitt die Klaue,
er teerte die Stoppelhinke.
Und Frauen zählten die Kannen,
das Tagesgemelk.
Nichts war zu deuten.
Es stand im Herdbuch.

Nur die Toten,
entrückt dem stündlichen Hall
der Glocke, dem Wachsen des Epheus,

sie sehen
den eisigen Schatten der Erde
gleiten über den Mond.
Sie wissen, dieses wird bleiben.
Nach allem, was atmet
in Luft und Wasser.

Wer schrieb
die warnende Schrift,
kaum zu entziffern?
Ich fand sie am Pfahl,
dicht hinter dem See.
War es das Zeichen?

Erstarrt
im Schweigen des Schnees,
schlief blind
das Kreuzotterndickicht.

Konkrete/Visuelle Poesie: Zum formalen Grundinstrumentarium der Moderne gehört das Sprachexperiment, das die Sprache in ihrer visuellen oder akustischen Materialität in den Mittelpunkt stellt und auf das Primat der Sinnhaftigkeit verzichtet. Dichter wie Ernst Jandl, Hans Carl Artmann oder Helmut Heißenbüttel (1921–1996) knüpften nach 1945 mit der Betonung des Visuellen oder des Akustischen als neuen Ordnungsprinzipien an avantgardistischen Vorkriegstraditionen, und hier vor allem an Expressionismus und **Dadaismus**, an. In Jandls Text *die zeit vergeht* (1964), einem Beispiel für die Betonung der akustisch-visuellen Materialität von Sprache, wird das Vergehen der Zeit lautmalerisch (onomatopoetisch) durch das „Ticken" einer imaginierten Uhr („tigtigtigtig") verdeutlicht.

Betonung des Visuellen und Akustischen

Ernst Jandl
die zeit vergeht (1964)

Lustig
luslustigtig
lusluslustigtigtig
luslusluslustigtigtigtig
lusluslusluslustigtigtigtigtig
luslusluslusluslustigtigtigtigtigtig
lusluslusluslusluslustigtigtigtigtigtigtig
luslusluslusluslusluslustigtigtigtigtigtigtigtig

Jandls Text *wien: heldenplatz* (1962) wählt jenen Ort, an dem Hitler 1938 die Annexion Österreichs verkündete, und arbeitet mit akustisch wirkenden Wortneuschöpfungen, die sexuelle und politisch-demagogische Assoziationen hervorrufen (vgl. Kap. 2.2). Feste Wortbedeutungen, traditionelle Syntagmen sowie regelmäßige Orthografie werden in Frage gestellt. Dem Rezipienten wird so die Sicherheit des konventionellen Verstehens genommen. Solche Neologismen, deren Sinn nur assoziativ erschlossen werden kann, sollen einen **kritisch-bewussten Umgang mit Sprache** zur Folge haben, zuweilen soll auch eine neue (unbelastete) Sprache erschaffen werden. Bei der Rezeption fallen bestimmte Worte ins Auge und schärfen so das Bewusstsein für die eigene Sprachverwendung. In Franz Mons *panoptikum* (1972) wird das Wortspiel „treten"/„drehen" verwendet und mit Aggression und Wegschauen verbunden.

Franz Mon
panoptikum (1972)

treten sie näher
treten sie heran
treten sie nur herein
treten sie ruhig fest auf

treten ist leichter als beten
treten sie getrost mal
treten sie noch mal
dreht sich nicht mehr
dreh da nicht dran
dreh dich nicht um.

Die Ergebnisse des sprachlichen Experiments sind darauf angelegt, akustisch oder optisch wahrgenommen zu werden. Hauptsächlich optisch werden naturgemäß **visuelle Texte** rezipiert, z. B. die Ideogramme Timm Ulrichs (*stets*), die Piktogramme Claus Bremers (*nicht nur informieren*) oder die Konstellationen Eugen Gomringers und Reinhard Döhls (*Apfel, Apfel ... Wurm*), bei denen Inhalt und Struktur zum Teil auch bedeutungsgleich sind (vgl. *Schweigen* von Eugen Gomringer).

Ideogramme, Piktogramme, Konstellationen

Timm Ulrichs
***stets* (Palindrom) (1961)**

```
        s
  s           s
        t
      t   t
s   t   e   t   s
      t   t
        t
  s           s
        s
```

Reinhard Döhl
Apfel, Apfel ... Wurm (1965)

ApfelApfelApfelApfel
ApfelApfelApfelApfelApfelAp
pfelApfelApfelApfelApfelApfelA
elApfelApfelApfelApfelApfelApfelA
elApfelApfelApfelApfelApfelApfelA
pfelApfelApfelApfelApfelApfelApfelA
pfelApfelApfelApfelApfelApfelApf
lApfelApfelApfelApfelApfelApfelA
ApfelApfelApfelWurmApfel
pfelApfelApfelApfelAp
ApfelApfelApfelAp
felApfelA

Claus Bremer
Nicht nur informieren haltungen provozieren (1968)

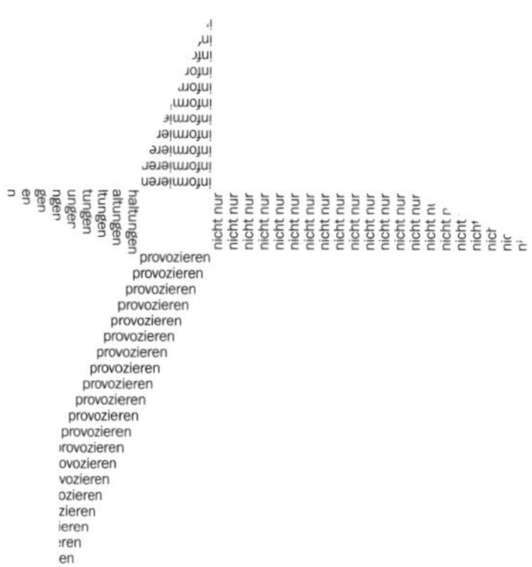

Politische Lyrik: Die kritische Auseinandersetzung mit gesellschaftlichen Phänomenen bestimmt eine große Zahl gerade der lyrischen Texte nach 1945. Selbst die sprachkritische Position der hermetischen oder der konkreten Poesie kann letztlich als Ausdruck einer Kritik an der gesellschaftlich dominierten Sprachverwendung (in Werbung, Politik, Massenmedien usw.) gesehen werden, auch wenn ein solcher gesellschaftlicher Bezug von ihren Autoren möglicherweise nicht intendiert war.[13] Hoffmann unterscheidet daher zwischen einer **politischen Lyrik im engeren und einer im weiteren Sinne.** Dabei versteht er unter der politischen Lyrik im engeren Sinne diejenigen Texte, denen es um eine „bewusste und kritische Thematisierung gesellschaftlicher Verhältnisse geht".[14]
Die gesellschaftliche Politisierung der Intellektuellen war 1968 so groß, dass die Beschäftigung mit **Literatur als Zeitverschwendung** bzw. als Ablenkung von der überfälligen Veränderung der Gesellschaft angesehen wurde. Im berühmten *Kursbuch 15*, von Hans Magnus Enzensberger herausgegeben, wurde sogar der „Tod der Literatur" verkündet. Noch zu Beginn der 1970er Jahre provozierte Enzensberger in seinem Gedicht *Ins Lesebuch für die Oberstufe* (1971) damit, die Abkehr von schöngeistiger Literatur und die Hinwendung zu solchen Texten zu fordern, mit denen der **Widerstand gegen gesellschaftliche Missstände** unterstützt werden kann: „Lies keine Oden, mein Sohn, lies die Fahrpläne: / sie sind genauer. Roll die Seekarten auf, / ehe es zu spät ist. Sei wachsam, sing nicht."

„Tod der Literatur?"

Das **Vorbild** der Dichter, die nach 1945 mit einer politischen Zielrichtung schrieben, war **Bertolt Brecht** (mit seinem Epigramm-Stil auch in formaler Hinsicht). In *agitprop. Lyrik. Thesen. Berichte* (1969), einer der wichtigsten Anthologien politischer Lyrik, finden sich mit Erich Fried, Nicolas Born, Uwe Friesle, Roman Ritter, Peter Schütt, Volke von Törne, Uwe Timm und Guntram Vesper die Protagonisten dieser Richtung versammelt. Erich Fried (1921–1988)

13 Vgl. Hoffmann, S. 98.
14 Ebd., S. 99.

beispielsweise orientiert sich formal an Brecht, indem er die **Form des Epigramms** benutzt, um seine Kritik literarisch zu formulieren. Ziel der Kritik waren in den 1960er Jahren auch verstärkt weltpolitische Probleme. Vor allem der **Vietnamkrieg** forderte Dichter immer wieder zu Stellungnahmen heraus. So lässt sich Frieds *Beim Nachdenken über Vorbilder* (1966) als Kritik am Vietnamkrieg lesen (vgl. Kap. 3.2).

Konkreter als der Text von Erich Fried ist Friedrich Christian Delius' (geb. 1943) *Hymne* (1965), in der eine kritisch-distanzierte Haltung gegenüber Deutschland formuliert wird (vgl. Kap. 6.2). Delius bedient sich dabei der antiken Form der Hymne, die traditionellerweise als festlicher Lobgesang auf Götter oder Helden dient. Delius' Hymne arbeitet mit dem Widerspruch zwischen festlicher Form und kritischem Inhalt - der Text ist gerade kein Loblied auf das Vaterland, die Kritik wird durch die Wahl dunkler Metaphern („doppelt geschwärzter Sarg", V. 4) und Todesassoziationen forciert.

Auch der Literaturnobelpreisträger Günter Grass (geb. 1927) und Hans Magnus Enzensberger gelten als vehemente Kritiker von Missständen in der bundesrepublikanischen Gesellschaft: Kritik an Massenmedien wird in Enzensbergers *Bildzeitung* (1957) artikuliert und 30 Jahre später in Rolf Haufs' (geb. 1935) *Jeden Tag* (1986, vgl. Kap. 4.2) wieder aufgegriffen. Politischer Lyrik kann stets ein utopisches Element innewohnen, darauf verweist Enzensberger: „Poesie tradiert Zukunft. Im Angesicht des gegenwärtig Installierten erinnert sie an das Selbstverständliche, das unverwirklicht ist."[15] Deutlich kommt der Gegenentwurf in dem folgenden Gedicht von Günter Grass zum Ausdruck, das das kindliche naive Spiel mit dem Misstrauen der Erwachsenenwelt konfrontiert.

15 Enzensberger, *Poesie und Politik*, S. 353.

Günter Grass
***Kinderlied* (1960)**

Wer lacht hier, hat gelacht?
Hier hat sich's ausgelacht.
Wer hier lacht, macht Verdacht,
daß er aus Gründen lacht.

Wer weint hier, hat geweint?
Hier wird nicht mehr geweint.
Wer hier weint, der auch meint,
daß er aus Gründen weint.

Wer spricht hier, spricht und schweigt?
Wer schweigt, wird angezeigt.
Wer hier spricht, hat verschwiegen,
wo seine Gründe liegen.

Wer spielt hier, spielt im Sand?
Wer spielt, muß an die Wand,
hat sich beim Spiel die Hand
gründlich verspielt, verbrannt.

Wer stirbt hier, ist gestorben?
Wer stirbt, ist abgeworben.
Wer hier stirbt, unverdorben
ist ohne Grund verstorben

„Gruppe 61"

In den 1960er Jahren entsteht ein besonderes Genre politischer Literatur, das sich mit den Lebensbedingungen des Proletariats auseinandersetzt. Ausgehend v. a. von Beispielen aus dem **Bergarbeitermilieu** machen es sich die Dichter der „Gruppe 61" zur Aufgabe, sich mit der Arbeitswelt und dem technischen bzw. industriellen Zeitalter kritisch zu beschäftigen. Als beispielhaft für das lyrische Genre kann der Text *Unter Tag* von Max von der Grün (1926–2005) gelten, in dem die bedrohlichen Arbeitsbedingungen des Bergmannes geschildert werden:

Max von der Grün
***Unter Tag* (1960)**

Es knirscht der Stein,
es droht der Berg,
das Holz, es ächzt,
das Hangende bricht ein.

Fünfte Sohle am Schacht,
bei fünftausend Watt
dennoch Nacht.
Im Streb der Staub,
vom Lärm die Ohren taub;
Schweiß furcht Rinnsale übers Gesicht,
im hungernden Licht
quält sich die Schicht.

Vier Tonnen Kohle, fünf, zehn,
gebrochen.
Vom fallenden Gestein
die Haut zerstochen.
Staubumnebelt,
wasserbespeit
zwingen acht Stunden
die Ewigkeit

Am Ende ein Schluck,
zwei Stullen mit Wurst;
Dreck im Gaumen,
in der Kehle rast Durst.

Es knirscht der Stein,
es droht der Berg.
Das Holz, es ächzt,
Hangendes bricht ein.
Nun Kumpel lauf!
Kumpel! Glück auf!

Auch Peter-Paul Zahls (geb. 1944) *panhumanismus* (1966) kritisiert die Macht der technisierten Arbeitswelt, indem es ironisch für einen „humanen" Umgang mit Maschinen wirbt, die der Mensch „lieben" und umsorgen solle (vgl. Kap. 7.2).

Noch dezidierter politisch ambitioniert war der zum größtenteils aus Kritikern der **Gruppe 61** hervorgegangene und 1969 gegründete **„Werkkreis Literatur der Arbeitswelt"**, der das literarische Engagement von Arbeitern auch mit der Funktion versehen wollte, an den gesellschaftlichen Verhältnissen etwas zu verändern. Zu diesem Kreis zählten Autoren wie Günter Wallraff (geb. 1942), Max von der Grün und Angelika Mechtel (1943–2000). Bald wurde allerdings auch die begrenzte literarische Qualität dieser Texte deutlich; die Defizite hinsichtlich des künstlerischen Niveaus führten trotz aller vorhandenen Authentizität zu einer verstärkten Kritik an dieser Richtung. Die **Fokussierung der Arbeitsbedingungen** fand ihre Fortführung mit der Betonung des stärker dokumentarischen Aspekts z. B. in den Industriereportagen Günter Wallraffs (*13 unerwünschte Reportagen*, 1969).

Politisierung auf Kosten der literarischen Qualität

Politische Lyrik findet sich auch unter den Schriftstellern der DDR. Wegen der strengen Zensur musste Kritik an Partei und Staat allerdings verklausuliert präsentiert werden (vgl. Günter Kunerts *Ikarus 64*, 1966; Reiner Kunzes *Erster Brief der Tamara A.*, 1969). Einen stärker autobiografischen Zug haben Texte von ausgebürgerten Dichtern wie Wolf Biermann, der das geteilte Deutschland aus der subjektiven Sicht eines Betroffenen reflektiert (vgl. *Und als wir ans Ufer kamen*, Kap. 5.2).

Ihre Meinung ist uns wichtig!

Die Zufriedenheit unserer Kunden ist unsere wichtigste Messlatte. Daher möchten wir Sie um Ihre Meinung bitten. Ihre Bewertung, Kritik und Anregungen, aber auch Ihr Lob sind uns eine wichtige Hilfe, die dazu beiträgt, dass wir unsere Produkte für Sie konsequent weiterentwickeln können.

Buchtitel / ISBN		
Gliederungs-punkt	Seite	Anmerkung/Vorschlag

Bitte ausfüllen und frankiert an uns einsenden.
Jedes Jahr verlosen wir unter allen Einsendern 10 Bücherpakete.

Epigonal ist bereits der Text *Alte Befehle* (1977) von Ludwig Fels (geb. 1946), in dem er das Thema **„Poesie der Arbeitswelt"** ökonomisiert. Fels kritisiert die Erwartungshaltung einer akademischen Schicht, die an der ästhetischen Darstellung von proletarischen Lebensbedingungen in der Arbeiterlyrik ein Lesevergnügen erleben und ihre gealterten sozialistischen Revolutionsträume ersatzweise befriedigen.

Ludwig Fels
***Alte Befehle* (1977)**

Schreib von der Arbeit
rät man mir
dichte was von Fabriken.
Geh zu
eine Menge Bürger sind geil
auf Nachrichten vom Fließband
beweise in Wort und Schrift
deine Gesinnung schwarzweiß.
Komm und sei fleißig
zier dich nicht
auch du hängst schließlich ganz besonders
von den Gehältern
der Studierten ab
verdiene dein Geld
mit dem Vorsprung deiner Herkunft.

Ich denke
ihr wollt nur
auf andere Träume kommen
am Feierabend
Exotik genießen
Vergnügen haben
an Stress und Akkord

sonst unbekannte Personen
ein bisschen bedauern
ganz allgemein.

Alltagslyrik/Neue Subjektivität: Bereits in den 1970er Jahren findet sich eine Gegenbewegung zur Politisierung der Lyrik. Gegen die vorherrschende „agitprop"-Lyrik bzw. hermetische Lyrik wird wieder das Private, aber auch die alltägliche Lebenswelt des Individuums ins Zentrum gerückt. Beispiele für Texte, in denen eine neue „Innerlichkeit" vertreten wird, sind etwa Ursula Krechels (geb. 1947) *Episode am Ende* (1977, vgl. Kap. 14.2) und Jürgen Beckers (geb. 1932) *Gedicht, sehr früh* (1974, vgl. Kap. 10.2). Auch Rose Ausländers (1901–1988) *Blatt* (1977, vgl. Kap. 9.2) zählt hierzu.
In den alltagslyrischen Texten Rolf Dieter Brinkmanns (1940–1975) werden spontan erfasste alltägliche Vorgänge als **„snap-shots"**[16] festgehalten. Ein Beispiel dafür ist Brinkmanns Text *Einen jener klassischen…*:

Rolf Dieter Brinkmann
***Einen jener klassischen...* (1975)**

Einen jener klassischen

schwarzen Tangos in Köln, Ende des
Monats August, da der Sommer schon

ganz verstaubt ist, kurz nach Laden
Schluss aus der offenen Tür einer

dunklen Wirtschaft, die einem
Griechen gehört, hören, ist beinahe
ein Wunder: für einen Moment eine
Überraschung, für einen Moment

16 Brinkmann, *Standphotos*, S. 185.

Aufatmen, für einen Moment
eine Pause in dieser Straße,

die niemand liebt und atemlos
macht, beim Hindurchgehen. Ich

schrieb das schnell auf, bevor
der Moment in der verfluchten

dunstigen Abgestorbenheit Kölns
wieder erlosch.

Alltagslyrik erhebt den Anspruch, das Wahre eines Erlebnisses zu formulieren. Dabei finden sich auch poetologische Auseinandersetzungen über die Frage nach der Bedeutung des Gedichtes in der Gegenwart, z. B. in Brinkmanns *Gedicht* (1975, vgl. Kap. 13.2), Christoph Meckels (geb. 1935) *Rede vom Gedicht* (vgl. Kap. 11.2) und Nicolas Borns (1937–1979) *Drei Wünsche* (vgl. Kap. 12.2).

Montagestil

Postmoderne: Gegen Ende der 1970er Jahre entstand der Eindruck, dass traditionelle lyrische Mittel verbraucht und dass politische Lyrik und Alltagslyrik insbesondere im Bereich des Artistischen defizitär waren. Der Montagestil galt als Versuch, das Artistische wiederzubeleben. Beispiele dafür sind Karl Krolows *Neues Wesen* als spielerische Adaption eines bekannten Mörike-Gedichtes (vgl. Kap. 15.2) sowie Enzensbergers *Autobahndreieck Feucht* (1980), in dem drei Ebenen – Krankenhaus, Autobahn und Unfallort – neben der Autobahn verschränkt gegeneinander montiert werden. Enzensbergers Text formuliert Kritik am Widerspruch zwischen der Illusion der Werbung und der Realität, in der sich die Versprechungen als nichtig erweisen.

Hans Magnus Enzensberger
***Autobahndreieck Feucht* (1980)**

Tiraden, angeschnallt und erbittert, über Ledersitze,
Alu-Motoren, Flüche beim Überholen, Erkenntnisse
über Prämien, Ersatzteilprobleme, endlich
der nächtliche Stau, das Blaulicht, die Bahre.

Schräg von unten siehst du die Instrumente funkeln
im Gegenlicht der Narkose. Dann die Schwester in Weiß,
wie sie fernsieht, den weißen Knopf im Ohr. Dramen
flackern geräuschlos über ihr dunkles Gesicht.

Ein Knirschen im Kopf. Nur jetzt um keinen Preis
in den Rückspiegel sehen. Zentralverriegelung.
Selbst das Schreien tut weh. Langsam steigen
Bläschen auf, glänzende Perlen im Schlauch.

Der Stau hat sich aufgelöst, es geht zügig voran.
Nur die Federung eine Spur zu weich, die Bremsbeläge
müssen erneuert werden, dagegen die Straßenlage:
phantastisch. Alles Stereo, auch der Trommelwirbel,
das Zischen der blauen Flamme, wenn im Graben das Wrack
aufgeschweißt wird, das Prasseln des nassen Erdreichs,
das von der funkelnden Schaufel fällt, genau
zwischen deine brillenlosen halb geöffneten Augen.

Die besondere sprachliche Form der Montagetechnik will auf gesellschaftliche Missstände aufmerksam machen. Damit reiht sie sich ein in die politische Lyrik und erhebt einen Veränderungsanspruch in Bezug auf eine als sprachlich determiniert verstandene Realität. Die **Lebenssituation des postmodernen Individuums** hat Durs Grünbein (geb. 1962) in seinem Text *Alba* dargestellt: Sie wird als eine Situation an einem Scheideweg erkennbar. Der Mensch muss sich entscheiden, welche Richtung er einschlägt, ob er will, dass seine Gedanken die Realität bestimmen oder dass sie das Individuum z. B. durch metaphysische Spekulationen bestimmen.

Durs Grünbein
***Alba* (1994)**

Endlich sind all die Wanderer tot
Und zur Ruhe gekommen die Lieder
Der Verstörten, der Landschaftskranken
In ihren langen Schatten, am Horizont.

Kleine Koseworte und Grausamkeiten
Treiben gelöst in der Luft. Wie immer
Sind die Sonnenbänke besetzt, lächeln
Kinder und Alte aneinander vorbei.

In den Zweigen hängen Erinnerungen,
Genaue Szenen aus einem künftigen Tag.
Überall Atem und Sprünge rückwärts
Durchs Dunkel von Urne zu Uterus.

Und das Neue, gefährlich und über Nacht
Ist es Welt geworden. So komm heraus
Aus zerwühlten Laken, sieh sie dir an,
Himmel, noch unbehelligt, und unten

Aus dem Hinterhalt aufgebrochen,
Giftige Gräser und Elstern im Staub,
Mit bösem Flügelschlag, Diebe
In der Mitte des Lebensweges wie du.

Der ostdeutsche Büchner-Preisträger Durs Grünbein zählt zu den bedeutendsten Lyrikern der Gegenwart und hat sich in seinem Werk auch mit der DDR-Vergangenheit und ihrer Rezeption im wiedervereinigten Deutschland auseinandergesetzt: Ein Beispiel für diese Beschäftigung bietet der Text *Nostalgischer Krebs* (vgl. Kap. 16.2). Die Bandbreite der Themen postmoderner Lyrik ist vielfältig und reicht über die beschriebenen hinaus bis hin zu Sexualität (vgl. Ralf Theniors *Die Fastfrau*) und Engagement für den Frieden (vgl. Ulla Hahns *Kreuzweise*). Seit den 1990er Jahren gehört auch **Poetry-Slam**, ein Dichterwettstreit vor Publikum, zu den Spielarten postmoderner Lyrik (vgl. Markus Köhle, *China 285*, Kap. 17.2).

Ralf Thenior (geb. 1945)
***Die Fastfrau (Ein Liebesgedicht)* (1977)**

Wenn sie
um die Ecke kommt
mit ihren 14 Jahren
und dem rosa Pullover
etwas schmuddelig
an den Brüsten
hat schon 'ne Handvoll
sagen die Jungs
wenn sie
um die Ecke kommt
mit der Kaugummiblase
vor dem Mund
PLOPP

Ulla Hahn (geb. 1946)
***Kreuzweise* (1981)**

Wo immer Bretter kreuzweis aus dem Boden schießen
in Reih und Glied bis in den Horizont
hackt sie heraus ihr Krähen scharrt sie frei
wir haben sie zu lang zu fest vergessen:

Die mit den Helmen auf dem Totenkopf
und mit dem Koppel um die Hüftgelenke
und mit weit aufgerissenen Augen starben
im Blick den Fluch im Mund den Todesschrei

Ihr Toten macht euch frei von eurem Tod
Zieht aus. Lehrt uns das Fürchten
Euren Fluch. Reißt uns die Augen auf
den Mund und schreit mit uns: Schreit nein.

Die folgende Tabelle gibt einen nach Themen geordneten Überblick über sämtliche in diesem Band zu findenden Lyrik-Beispiele (einige Gedichte werden doppelt aufgeführt):

Liebe	**Kap.**
Ralf Thenior: *Die Fastfrau (Ein Liebesgedicht)* (1977)	s. 4. (Teil 1)
Nicolas Born: *Drei Wünsche* (1972)	s. 12.2
Ursula Krechel: *Episode am Ende* (1977)	s. 14.2
Ursula Hahn: *Mit Haut und Haar* (1981)	s. 14.2
Politik	
Günter Grass: *Kinderlied* (1960)	s. 4. (Teil 1)
Hans Magnus Enzensberger: *Autobahndreieck Feucht* (1980)	s. 4. (Teil 1)
Ulla Hahn: *Kreuzweise* (1981)	s. 4. (Teil 1)
Ernst Jandl: *wien: heldenplatz* (1962)	s. 2.2
Erich Fried: *Beim Nachdenken über Vorbilder* (1966)	s. 3.2
Rolf Haufs: *Jeden Tag* (1986)	s. 4.2

Wolf Biermann: *Und als wir ans Ufer kamen* (1978)	s. 5.2
Günter Kunert: *Nachtfahrt* (1980)	s. 5.2
Friedrich Christian Delius: *Hymne* (1965)	s. 6.2
Luth Rathenow: *Jemand* (1984)	s. 8.2
Durs Grünbein: *Nostalgischer Krebs* (2002)	s. 16.2
Natur	
Peter Huchel: *Das Zeichen* (1963)	s. 4. (Teil 1)
Jürgen Becker: *Gedicht, sehr früh* (1974)	s. 10.2
Rolf Dieter Brinkmann: *Gedicht* (1975)	s. 13.2
Karl Krolow: *Neues Wesen* (1967)	s. 15.2
Eduard Mörike: *Er ist's* (1829)	s. 15.2
Aufbruch	
Durs Grünbein: *Alba* (1994)	s. 4. (Teil 1)
der Mensch	
Peter-Paul Zahl: *panhumanismus* (1966)	s. 7.2
Nicolas Born: *Drei Wünsche* (1972)	s. 12.2
Rolf Dieter Brinkmann: *Gedicht* (1975)	s. 13.2
Sprache	
Ernst Jandl: *die zeit vergeht* (1964)	s. 4. (Teil 1)
Franz Mon: *panoptikum* (1972)	s. 4. (Teil 1)
Timm Ulrichs: *stets* (o. J.)	s. 4. (Teil 1)
Reinhard Döhl: *Apfel, Apfel...Wurm* (1965)	s. 4. (Teil 1)
Claus Bremer: *Nicht nur informieren haltungen provozieren* (1968)	s. 4. (Teil 1)

Dichter/Gedicht	
Rose Ausländer: *Blatt* (1977)	s. 9.2
Christoph Meckel: *Rede vom Gedicht* (1965)	s. 11.2
Marie Luise Kaschnitz: *Nicht gesagt* (1965)	s. 11.2
Alltag	
Rolf Dieter Brinkmann: *Einen jener klassischen ...* (1975)	s. 4. (Teil 1)
Rolf Dieter Brinkmann: *Die Orangensaftmaschine* (1975)	s. 13.1
Kindheit/Schule	
Durs Grünbein: *Nostalgischer Krebs* (2002)	s. 16.2
Durs Grünbein: *Turnstunde* (2007)	s. 16.2
Massenmedien/Werbung	
Hans Carl Artmann: *ein django der muss haben* (1967)	s. 1.2
Rolf Haufs: *Jeden Tag* (1986)	s. 4.2
Arbeitswelt	
Ludwig Fels: *Alte Befehle* (1977)	s. 4. (Teil 1)
Max von der Grün: *Unter Tag* (1960)	s. 4. (Teil 1)
Poetry-Slam	
Markus Köhle: *China 285* (2007)	s. 17.2

5. Epochenblatt zur Lyrik der Gegenwart

Lyrik nach 1960 = willkürliche Festsetzung als „Orientierungspunkt", ohne dass das Datum eine politisch-historische oder literaturgeschichtliche Bedeutung hat. Traditionslinien wurden auch nach 1960 fortgesetzt, neue literarische Entwicklungen, vor allem die Arbeiterlyrik und die politische Lyrik prägten sich in den 1960er Jahren aus.

zeitgeschichtlicher Hintergrund

- Mauerbau am 13. 8. 1961, Wirtschaftskrise, Große Koalition
- sozial-liberale Koalition ab 1969 mit neuer Ostpolitik
- „Studentenbewegung", „Außerparlamentarische Opposition" (APO) ab 1966, Protest gegen Vietnamkrieg, Auseinandersetzung mit Holocaust
- RAF-Terrorismus in den 1970er Jahren
- Ausweisung von DDR-Dissidenten (1970er Jahre)
- Friedens- und Umweltbewegung, Gründung der „Grünen" (1980er Jahre)
- Wiedervereinigung Deutschlands am 3. 10. 1990
- materielle und kulturelle Überwindung der Teilungsfolgen, Auseinandersetzung mit der weltpolitischen Rolle des vereinten Deutschland

geistesgeschichtlicher Hintergrund

- Moderne und Postmoderne als grundlegende ästhetische Strömungen
- Nachwirkung von Expressionismus und Surrealismus
- Existenzialismus in Philosophie (Martin Heidegger, 1889–1976; Karl Jaspers, 1883–1969), Literatur (Jean Paul Sartre, 1905–1980; Albert Camus, 1913–1960)
- Poststrukturalismus, Dekonstruktivismus (J. Derrida): Ablehnung von feststehenden Bedeutungen und Sinnentwürfen
- Überwindung der Grenze von U und E
- in BRD: Einflüsse der Pop-Art (aus USA, England), Darstellung des Alltags, der Werbung in der Kunst
- in DDR: Vorstellung, dass Kunst Einfluss auf Entwicklung sozialistischer Wertvorstellung hat; „sozialistischer Realismus" als Kunstprinzip
- Friedens- und Umweltbewegung, Entwürfe alternativer Lebensformen

thematische Merkmale

- hermetische Poesie
- Reflexion der politischen Situation in der Literatur (z. B. äußere und innere Emigration, Umgang mit der Zeit des Nationalsozialismus)
- literarische Neuorientierung durch die Gruppe 47 (Richter, Andersch, Bachmann, Böll, Celan, Grass u. a.)
- Politisierung in den 1960er Jahren

- Einbeziehung von Technik und Arbeitswelt durch die Gruppe 61 (Arbeiterliteratur)
- Sprache als Thema, z. B. im Dialektgedicht (Wiener Gruppe)
- „Neue Subjektivität", Alltagslyrik in den 1970er und 1980er Jahren
- breites thematisches Spektrum in der postmodernen Poesie

formale Merkmale

- visuelle/konkrete Poesie als Konstellation, Ideogramm, Piktogramm, Laut- und Buchstabengedicht
- Epigramm als Form politischer Lyrik bei Bertolt Brecht und Erich Fried
- Arbeiterlyrik mit Berücksichtigung der proletarischen Arbeitswelt, zumeist schmucklose Form
- „Snap Shot" als lyrische Momentaufnahme in der Alltagslyrik (Brinkmann)
- optisch gegliederte Prosa, umgangssprachliche Alltagslyrik
- Montagetechnik
- experimenteller Umgang mit Sprache
- Verbindungen von Text, Zeichnung, Fotografie zum Ausdruck der Realität
- Poetry-Slam (Dichterwettbewerb vor Publikum)

Hauptvertreter

- Hans Carl Artmann (1921–2000)
- Rose Ausländer (1901–1988)
- Ingeborg Bachmann (1926–1973)
- Jürgen Becker (geb. 1932)
- Wolf Biermann (geb. 1936)
- Nicolas Born (1937–1979)
- Rolf Dieter Brinkmann (1940–1975)
- Friedrich Christian Delius (geb. 1943)
- Hilde Domin (1909–2006)
- Günther Eich (1907–1972)
- Hans Magnus Enzensberger (geb. 1929)
- Ludwig Fels (geb. 1946)
- Erich Fried (1921–1988)
- Eugen Gomringer (geb. 1925)
- Günter Grass (geb. 1927)
- Max von der Grün (1926–2005)
- Durs Grünbein (geb. 1962)
- Ulla Hahn (geb. 1946)
- Rolf Haufs (geb. 1935)
- Ernst Jandl (1925–2000)
- Marie Luise Kaschnitz (1901–1974)
- Sarah Kirsch (geb. 1935)
- Markus Köhle (geb. 1975)
- Ursula Krechel (geb. 1947)
- Karl Krolow (1915–1999)
- Christoph Meckel (geb. 1935)
- Lutz Rathenow (geb. 1952)
- Gerhard Rühm (geb. 1930)
- Peter-Paul Zahl (geb. 1944)

II. Autoren und ihre Gedichte

Die Reihenfolge der Autoren folgt den in Teil I dieser Erläuterung genannten wesentlichen Tendenzen der Lyrik der Gegenwart:

- konkrete/visuelle Poesie: H. C. Artmann, Ernst Jandl
- politische Lyrik: Ernst Fried, Rolf Haufs, Wolf Biermann, F. C. Delius, Peter-Paul Zahl, Lutz Rathenow
- Alltagslyrik/Neue Subjektivität: Rose Ausländer, Jürgen Becker, Christoph Meckel, Nicolas Born, Rolf Dieter Brinkmann, Ursula Krechel
- Postmoderne: Karl Krolow, Durs Grünbein, Markus Köhle

Zu beachten ist dabei, dass das Werk eines Autors in der Regel vielfältiger ist, als dass es sich nur einer Tendenz oder Richtung zuordnen ließe.

1. Hans Carl Artmann (1921–2000)

1.1 Kurzbiografie

Der Österreicher H. C. Artmann war ein Mitglied der avantgardistischen Wiener Gruppe. Bekannt wurde der Vertreter der konkreten Lyrik mit seinen Wiener Dialektgedichten.

Hans Carl (H. C.) Artmann wurde am 12. Juni 1921 in Wien geboren. Nach einer Schuhmacherlehre wurde er 1940 zur deutschen Wehrmacht eingezogen und nahm am Zweiten Weltkrieg teil. Nach amerikanischer Kriegsgefangenschaft kehrte er 1945 nach Wien zurück. Seine ersten literarischen Versuche lassen sich auf seine Schülerzeit datieren. Seit 1947 publizierte Artmann lyrische Texte und war Mitglied der **Wiener Gruppe** (seit 1953 zusammen mit Konrad Bayer und Gerhard Rühm), einer avantgardistischen Gruppe, die wichtige Impulse von Dadaismus und Surrealismus empfing. Artmann lebte in den 1950er und 1960er Jahren an wechselnden Orten im Ausland (u. a. Holland, Belgien, Frankreich, Deutschland), Bezugspunkt blieb aber stets Österreich. 1972 siedelte er nach Salzburg, später nach Wien über. Artmann starb am 4. Dezember 2000 in Wien.

Werk:

med ana schwoazzn dintn

Artmann wirkte in der konkreten Poesie vor allem durch seine Dialektgedichte. Eine größere Bekanntheit erlangte er durch seine Gedichte im **Wiener Dialekt,** in denen sich häufig ein schwarzer Humor mit barockem Sprachwitz vereinigt. Richtungsweisend dafür war seine erste Buchveröffentlichung *med ana schwoazzn dintn* (1958). Weitere wichtige Lyrikbände Artmanns sind: *Allerleirausch* (1967), *ein lilienweißer brief aus lincolnshire* (1969) und *Aus meiner Botanisiertrommel* (1975), hinzu kommen Prosawerke und Theaterstücke.
Artmann erhielt für seine literarische Arbeit zahlreiche Auszeichnungen, u. a. den Großen Österreichischen Staatspreis für Literatur (1974), den Literaturpreis der Stadt Salzburg (1991) und den Georg-Büchner-Preis (1997). Daneben machte sich Artmann auch als Übersetzer einen Namen (Lope de Vega, Carlo Goldoni, August Strindberg).

1.2 Beispiel: *ein django der muss haben* (1967)

ein django der muss haben
zween stiebel um zu traben,
ein fäustlein um zu schlagen,
ein särglein ums zu tragen,
zween sporen an den fertzen,
die nie ein rösslein schmerzen,
ein feindlein ums zu schießen
und gold zum kugeln gießen,

dazu noch grund zur rache,
denn das gehört zur sache,
so eilt er texas auf
und ab in tollem lauf.
drum, kindlein, gib fein acht,
wies unser django macht,
willst sein nit feig und schwach,
so tus ihm fleißig nach!

„Django" ist die Hauptfigur eines brutal-zynischen, schwarzhumorigen **Italo-Westerns** gleichen Titels aus dem Jahr 1966 mit Franco Nero in der Hauptrolle; Artmanns Gedicht entstand ein Jahr später. Der Aufbau des Textes weist eine klare Strukturierung auf: Im ersten Teil bis V. 12 werden teils idealtypische, teils grotesk übertreibende Attribute von Westernhelden beschrieben. Mit solchen Attributen dominierten diese „Helden" das Genre „Cowboy- und Westernfilm" in der 1960er und 1970er Jahren. Zum Prototyp eines „Django" gehören demnach Stiefel (vgl. V. 2), wehrhafte Fäuste (vgl. V. 3), ein Holzsarg (vgl. V. 4), in den er nach einer verlorenen Schießerei gelegt werden kann, Sporen und ein Pferd (vgl. V. 5 f.), Gold für die Kugelherstellung (vgl. V. 8) sowie ein Feind und einen Grund, Rache zu nehmen (vgl. V. 7, 9 f.). V. 11 f. beschreibt die unermüdliche Reisetätigkeit des Helden, die er naturgemäß in Texas ausübt. Der zweite Teil des Gedichtes (ab. V. 13) formuliert den (ironisch zu verstehenden) Appell an den jugendlichen Zuhörer, es diesem Helden gleichzutun und sich ein Beispiel an ihm zu nehmen.

ironischer Appell

In der **formalen Gestaltung** des Gedichtes dominiert die Regelmäßigkeit: Ein durchgehend dreihebiger Jambus mit Paarreim und überwiegend weiblichen Kadenzen vermittelt den Eindruck eines harmlosen Kinderlieds. Dieser Eindruck wird durch zahlreiche **Diminutivendungen** wie „fäustlein" (V. 3), „särglein" (V. 4), „rösslein" (V. 6), „feindlein" (V. 7), „kindlein" (V. 13) sowie durch umgangssprachliche Wendungen wie „zween sporen an den fertzen"

(V. 5), „wies" (als Verschleifung von ‚wie es', V. 14), „nit" (‚nicht', V. 15), „tus" (‚tu es', V. 16) und Verballhornungen („fertzen" für ‚Fersen', V. 5) hervorgerufen und verstärkt. Der **Zeilensprung** in V. 11 f. kann als optische Unterstreichung der dynamischen Bewegung des Reitens verstanden werden.

Das zentrale poetische Gestaltungswerkzeug ist das **Zeugma**, das die Verse 1–10 dominiert: Mit dem gemeinsamen Prädikat „haben" werden Satzglieder verbunden, die konkrete belebte und unbelebte sowie abstrakte Dinge bezeichnen. Die verbundenen Dinge sind jedoch eigentlich unvereinbar wie etwa das „fäustlein", das mit „särglein" verbunden erscheint. Eine Kontrastwirkung erzielen gleichfalls die Diminutivendungen bei Begriffen, bei denen sie eigentlich nicht passen („Särglein"). Zusammen mit dem Zeugma und der ironischen Sprechhaltung, die insbesondere in V. 15 f. zum Ausdruck kommt, wird möglicherweise auf den Widerspruch zwischen der Realität medial vermittelter Heldentypen und pädagogischen Wunschvorstellungen aufmerksam gemacht.

Das Gedicht kann als eine formulierte **Kritik an der verharmlosenden Gewaltdarstellung in Film und Fernsehen** verstanden werden. Mit der Ironie als einem sprachlichen Mittel, das das Gegenteil von dem ausdrückt, was gemeint ist, und mit dem Kontrast zwischen dialektaler und verniedlichender Sprachverwendung und dem Inhalt soll möglicherweise eine **bewahrpädagogische Intention** erfüllt werden: Natürlich soll das Kind es dem Helden nicht „fleißig" nachtun (vgl. V. 16), sondern sich vor solchen medial attraktiv vermittelten, aber falschen Vorbildern in Acht nehmen.

Stichworte:

- teils idealtypische, teils grotesk übertreibende Attribute von Westernhelden
- ironisch zu verstehender Appell an jugendlichen Zuhörer, es dem Helden gleichzutun
- formale Regelmäßigkeit vermittelt Eindruck eines harmlosen Kinderlieds
- diminutive, umgangssprachliche bzw. dialektale Wendungen, Verballhornungen
- Zeugma (Verbindung von nicht zu vereinbarenden Ausdrücken unter Einsparung logisch notwendiger Satzglieder)
- Kritik an der verharmlosenden Gewaltdarstellung in Film und Fernsehen

2. Ernst Jandl (1925–2000)

2.1 Kurzbiografie

Ernst Jandl gilt als einer der wichtigsten **Vertreter der experimentellen Poesie.** Bekannt wurde er durch seine „Sprechgedichte", die die Klangqualität ihres Sprachmaterials auf oftmals witzig-assoziative Weise herausstellen und eine Nähe zu dadaistischen Traditionen aufweisen.

Ernst Jandl wurde am 1. August 1925 in Wien geboren. 1943 wurde er zum Militärdienst einberufen und geriet am Ende des Zweiten Weltkrieges in britische Kriegsgefangenschaft. Nach seiner Freilassung studierte er Germanistik und Anglistik in Wien und arbeitete nach seiner Lehramtsprüfung mit Unterbrechungen bis 1979 als Gymnasiallehrer. 1950 wurde er mit einer Arbeit über Arthur Schnitzler promoviert. Erste Gedichte erschienen nach 1950 in der Wiener Literaturzeitschrift *Neue Wege*. Jandl stand in Kontakt mit der Wiener Gruppe (Gerhard Rühm, H. C. Artmann) und anderen Vertretern der konkreten Poesie wie Eugen Gomringer oder Helmut Heißenbüttel. Seit 1954 verband ihn mit der österreichischen Dichterin Friedericke Mayröcker (geb. 1924) eine enge Zusammenarbeit und Freundschaft. 1984 hielt Jandl die Frankfurter Poetikvorlesungen (*Das Öffnen und das Schließen des Mundes*, 1985). Jandl starb am 9. Juni 2000 in Wien.

Werk:
Ernst Jandl gilt als einer der wichtigsten Vertreter der **experimentellen Poesie.** In Anlehnung an das dadaistische Lautgedicht, wie es Hugo Ball (1886–1927) in Zürich, Raoul Hausmann (1886–1971) in Berlin und Kurt Schwitters (1887–1948) in Hannover kreierten, arbeitete Jandl mit dem **„Sprechgedicht"**, in dem er Sprachwitz

„Ottos Mops kotzt"

und Sprachspiel integrierte. Dabei offenbarte er die Manipulationen durch Sprache. Oft führte seine Sprachbehandlung auf der Suche nach neuen Möglichkeiten auch zur Groteske (z. B. „Ottos Mops kotzt"). Wichtige Lyriksammlungen Jandls sind: *Mai hart lieb zapfen eibe hold* (1965), *Laut und Luise* (1966), *sprechblasen* (1966), *Der künstliche baum* (1970), *serienfuss* (1974), *Die bearbeitung der mütze* (1978), *der gelbe hund* (1980), *falamaleikum. Gedichte und Bilder* (1983, mit J. Spohn), *der beschriftete sessel* (1990), *dingefest* (1994) und *Peter und die Kuh* (1996). Neben Prosasammlungen (*für alle*; 1974), Dramen (*der raum. szenisches gedicht für beleuchter und tontechniker*, Uraufführung 1973) und Hörspielen (z. B. *Die Auswanderer,* 1970) war Jandl auch als Übersetzer tätig (u. a. Gertrude Stein, John Cage). 1990 kam eine dreibändige Ausgabe seiner *Gesammelten Werke* heraus; 1999 erschien *aus dem wirklichen leben*. Nach dem Tod des Dichters erschienen *Letzte Gedichte* (2001).
Ernst Jandl erhielt für sein Werk zahlreiche Preise, u. a. den Georg-Trakl-Preis für Lyrik (1974), den Großen Österreichischen Staatspreis für Literatur (1984), den Büchner-Preis (1984) und den Peter-Huchel-Preis (1990).

2.2 Beispiel: *wien: heldenplatz* (1962)

der glanze heldenplatz zirka
versaggerte in maschenhaftem männchenmeere
drunter auch frauen die ans maskelknie
zu heften heftig sich versuchten, hoffensdick.
und brüllzten wesentlich.

verwogener stirnscheitelunterschwang
nach nöten nördlich, kechelte
mit zu-nummernder aufs bluten feilzer stimme
hinsensend sämmertliche eigenwäscher.

pirsch!
döppelte der gottelbock von SA-Atz zu SA-Atz
mit hünig sprenkem stimmstummel.
balzerig würmelte es im männechensee
und den weibern ward so pfingstig ums heil
zumahn: wenn ein knie-ender sie hirschelte.

Jandl wählt mit dem Titel seines Gedichtes den Ort aus, an dem Hitler 1938 die Annexion Österreichs verkündete. Drei Strophen ohne eine durchgehende metrische Struktur oder Reimstruktur reihen Vers für Vers vor allem **akustisch wirkende Wortneuschöpfungen** aneinander, die sexuelle und politisch-demagogische Assoziationen hervorrufen. Charakteristisch für Jandls Sprachstil sind durch neologistische Prozeduren hergestellte **Mischworte mit Doppelbedeutungen.** Der Wiener Psychoanalytiker Sigmund Freud beschrieb die komische Wirkung solcher Worte in seiner Studie *Der Witz und seine Beziehung zum Unbewussten* (1905); auch Jandls Mischworte wirken oftmals komisch: „glanze" (V. 1) bekommt auf diese Weise die Bedeutung von „ganz" wie auch von „Glanz". „maschenhaft" (V. 2) ruft neben der eigentlichen Wortbedeutung auch die Assoziation „massenhaft" hervor.

Mischworte mit Neologismen

„männchenmeere" steht zum einen für „ein Meer von Menschen", gleichzeitig lässt sich ein ironischer Beiklang ausmachen, wenn die Menschen die Größe von „Männchen" erreichen. Der Vers „frauen die ans maskelknie / zu heften heftig sich versuchten" (V. 3 f.) lässt sich mit dem Ausdruck „sich an jemandes Fersen heften" verbinden. Das „maskelknie" könnte eine Verballhornung des englischen „muscle" sein, das mit deutschen Phonemen verschriftlicht wird und auf eine durchtrainierte männliche Beinmuskulatur verweist. Vom Sinn her kann man aus dem Vers 3 f. schließen, dass Männer und Frauen eng gedrängt stehen und allesamt laut schreien („brüllzten", V. 5). Die Neologismen „hoffensdick. / und brüllzten" (V. 4 f.) gehorchen nicht der normierten Orthografie: Sie nehmen

dem Rezipienten die Sicherheit der gewohnten Schreibweise und damit des gewohnten Verstehens. Gleichzeitig erinnert „brüllzten" auch an „balzten" und betont damit die **sexuelle Konnotation**, die bereits durch die Erwähnung der unteren Köperteile in V. 3 und der eng aneinandergedrängten Frauen und Männer hergestellt wurde.
Die Strophen 2 und 3 ahmen die **Vortragsweise Hitlers** nach. Dem konkret physiognomischen Verweis auf Hitlers Frisur im Wort „stirnscheitelunterschwang" (V. 6) folgt mit „nach nöten nördlich" (V. 7) die Assoziation mit der am europäischen Norden orientierten NS-Rassenlehre. Dass Hitler selbst diesem Idealbild in keiner Weise entsprach, ist vielleicht in dem Ausdruck „nach nöten" (V. 7) enthalten. Mit doppelter Konnotation arbeitet das Wort „kechelte" (V. 7), indem es sich einerseits auf „keuchen", andererseits auf das tierische „hecheln" bezieht und damit die atemlose, triebgesteuerte Vortragsweise des Diktators hervorhebt. Der Ausdruck „zu-nummernder" (V. 8) bezieht sich sowohl auf die zunehmende Lautstärke als auch auf die **inhumane Ideologie**, die menschliches Leben nur noch als numerische Einheit kennt.
Mit dem Ausdruck „aufs bluten feilzer stimme" (V. 8) wird die hochaggressive Sprache Hitlers beschrieben („jemanden bis aufs Blut reizen"). Seine Ideologie liefert die Menschen ans Messer, sie werden dem Schlachten feil geboten. „Sämmertliche eigenwäscher" (V. 9) könnte sowohl „sämtliche Eigenbrödler" als auch „jämmerlicher Waschlappen" bedeuten – in beiden Bedeutungen bezeichnet der Ausdruck **Feinde des Nationalsozialismus.** Ihre notwendige Vernichtung wird mit dem Partizip „hinsensend" (von „Sense") deutlich gemacht.
Der Einwortvers „pirsch!" – das Ausrufezeichen verstärkt den imperativischen Charakter des Verses – führt die Anspielungen aus dem Tierbereich aus der ersten Strophe fort und wirkt wie eine Aufforderung, sich auf die Jagd zu begeben. Dies entspricht auch der Funktion vieler Hitler-Reden, die zur Verfolgung der als Feinde gebrandmarkten Menschen aufriefen. Das Wort „döppelte" (V. 11) lässt sich möglicherweise mit „tröpfeln" oder mit „dümpeln" ver-

binden, in beiden Bedeutungen wird auf die **Schwerfälligkeit** des Hitlerschen Redeflusses hingewiesen. Eine Anspielung auf diese Schwerfälligkeit kann auch in der Schreibweise von „SA-Atz" (V. 11) gesehen werden: Das Stotternde der Rede wird mit der Großschreibung hervorgehoben. Gleichzeitig ist „SA" die Abkürzung für Hitlers „Sturmabteilung" und kann „Atz" auch als **Verkürzung von „Hatz"** gedeutet werden, womit die Jagdmetaphorik wieder aufgegriffen wird: Jeder Satz dieser Rede will dazu aufrufen, Menschen zu jagen und zu vernichten, die nicht in das ideologische Schema Hitlers passen („A Hetz muass sein!" ist eine verbreitete Wiener Wendung im Sinne von „Spaß muss ein" und rührt von der im 18. Jahrhundert beliebten Tierhetze her).

„von SA-Atz zu SA-Atz"

Der Begriff „gottelbock" (V. 11) lässt sich einerseits mit der quasi göttlichen Verehrung des „Führers" verständlich machen, andererseits lässt die Assoziation mit „Doppelbock" auch **Verbindungen zum Stammtisch** zu und qualifiziert die Rede als eben dorthin gehörend. Mit dem Vers „mit hünig sprenkem stimmstummel" (V. 12) wird nochmals die Redeweise Hitlers charakterisiert: „hünig" erinnert an „Hüne", „sprenkem" lässt sich mit „versprengen" im Sinne von „verteilen" („Weihwasser versprengen") und im Sinne von „auseinandertreiben" (Jägersprache) verstehen. Hitlers menschenverachtende Ideologie wird mit jeder Silbe seiner Rede über alle Zuhörer verteilt. „stimmstummel" qualifiziert erneut die minderwertige Redeweise eines zu klein geratenen Diktators („Stummel" als Hinweis auf seine Körpergröße). Die letzten drei Verse beschreiben die Wirkung der Rede mit recht eindeutigen sexuellen Anspielungen wie z. B. „balzerig" (V. 13) und „würmelte" (V. 13). Mit dem altertümlichen „und den weibern ward so pfingstig ums heil" wird auf die biblische Christuserscheinung an Pfingsten hingewiesen und Hitler mit einem Erlöser assoziiert. Gleichzeitig klingt der Ausdruck „jemandem wird es warm ums Herz" mit und verdeutlicht die erotische inhaltliche Komponente dieses Verses.

Der Schlussvers „wenn ein knie-ender sie hirschelte" (V. 15) führt die erotische Anspielung weiter und überträgt sie in einen sexuellen Bereich: „ender" als Markierung der Geweihstärke eines Hirsches und „knieender" im Sinne von „hingegeben" und „dienend" verdeutlichen zusammen mit der Tiermetaphorik des sexuell kraftvollen Hirschen, dass die Rede überwiegend die **animalischen Triebe der Zuhörer anspricht.** Gleichzeitig wird die durchaus ernsthafte Aussage durch die dialektale Verniedlichung in „hirschelte" (V. 15) auch wieder **ironisch-spöttisch** gebrochen.
Der Text stellt feste Wortbedeutungen, traditionelle Syntagmen und regelmäßige Orthografie in Frage, dem Rezipienten wird die Sicherheit des konventionellen Verstehens genommen. Solche Neologismen, deren Sinn nur assoziativ erschlossen werden kann, sollen einen **kritisch-bewussten Umgang mit Sprache** zur Folge haben, zuweilen soll auch eine neue (unbelastete) Sprache erschaffen werden.

Stichworte:

- akustisch wirkende Wortneuschöpfungen (Neologismen), die sexuelle und politisch-demagogische Assoziationen und Konnotationen hervorrufen
- komische Mischworte im Sinne Freuds mit Doppelbedeutungen
- Infragestellung fester Wortbedeutungen, traditioneller Syntagmen, regelmäßiger Orthografie
- Verunsicherung des Rezipienten, Hinführung zu einem kritisch-bewussten Umgang mit Sprache

3. Erich Fried (1921–1988)

3.1 Kurzbiografie

Der österreichische Lyriker Erich Fried gilt an einer der wichtigsten Vertreter der politischen Lyrik. Ende der 1960er Jahre sympathisierte er mit der Studentenbewegung und engagierte sich mit seinen Werken gegen den Vietnamkrieg. Seine sprachlich einfachen Texte zeichnen sich durch Wortspiele und Spruchhaftigkeit aus.

Erich Fried wurde am 6. Mai 1921 in Wien geboren. Seine jüdischen Eltern wurden nach der Annexion Österreichs durch das Hitler-Regime 1938 von den Nazis verhaftet, der Vater starb kurz darauf in der Gefangenschaft. Erich Fried emigrierte nach London und verdiente sich seinen Lebensunterhalt mit Hilfsarbeiten. Seit 1952 arbeitete er bei der BBC. In den 1960er und 1970er Jahren war Fried wegen seiner öffentlich geäußerten politischen Ansichten (u. a. seine Kritik am Vietnamkrieg) zum Teil sehr umstritten; er bezog eine klare Position für die Ziele der „Außerparlamentarischen Opposition". Fried starb am 22. November 1988 in Baden-Baden.

Werk:
Erich Fried gilt als einer der **wichtigsten Vertreter der politischen Lyrik.** Seine sprachlich einfachen Texte zeichnen sich durch Wortspiele und Spruchhaftigkeit aus. Wichtige lyrische Publikationen Frieds sind: *Gedichte* (1958), *Reich der Steine* (1963), *Warngedichte* (1964), *und Vietnam und* (1966), *Die Freiheit, den Mund aufzumachen* (1972), *Höre, Israel!* (1974, erweitert 1983) und *Gegengift* (1974). Für sein literarisches Werk, das auch Erzählungen und den Roman *Der Soldat und das Mädchen* (1960) umfasst, erhielt er u. a. den Georg-Büch-

und Vietnam und

ner-Preis (1987). Am Ende der 1970er Jahre machte er nochmals auf sich aufmerksam, als er überraschend einen ersten Band mit Liebeslyrik (*Liebesgedichte*, 1979) publizierte, dem weitere motivgleiche Bände folgten. Daneben machte er sich auch als Übersetzer v. a. von Shakespeare-Texten einen Namen.

3.2 Beispiel: *Beim Nachdenken über Vorbilder* (1966)

Die uns
vorleben wollen

wie leicht
das Sterben ist

Wenn sie uns
vorsterben wollten

wie leicht
wäre das Leben

Das im **Epigramm-Stil** geschriebene Gedicht wurde ohne erkennbares durchgehendes Metrum oder Reimschema als **optisch gegliederte Prosa** verfasst. Es initiiert das Nachdenken bereits durch den Titel, der als unvollständiger Satz formuliert ist, sodass die Verse des Gedichtes als Vervollständigung begriffen werden können. Das lyrische Ich denkt über vorbildhafte Menschen nach. Das, was ihm dazu einfällt, sind offenbar Politiker oder Militärs, die davon sprechen, dass es leicht sei, für eine Sache sein Leben hinzugeben. Die sprachliche Besonderheit des Textes beruht in der Doppeldeutigkeit und der kontrastierenden Beziehung der verwendeten Schlüsselbegriffe: „vorleben" (V. 2) steht für den Ausdruck „Vorbild sein für jemanden". Das Stammverb wird in V. 4 mit seinem Gegenbegriff, dem „Sterben", konfrontiert. In V. 6 wird „sterben" dann analog zu

„vorleben" als „vorsterben" gebildet; dieser Ausdruck ist doppeldeutig, weil er einmal im modalen Sinne von „vorbildhaft sterben", andererseits auch im temporalen Sinne von „vor jemandem sterben" verstanden werden kann. Die Conclusio ist in beiden Deutungsvarianten gleich: Das Verschwinden dieser Menschen, die einen leichten Tod predigen, machte allen anderen Menschen das Leben leichter.

Die **politische Stoßrichtung** dieses Epigramms liegt auf der Hand: Angesprochen sind alle diejenigen, die das Leben anderer Menschen für das Erreichen von politischen, wirtschaftlichen oder religiösen Zielen aufs Spiel setzen und von den Betroffenen die Hingabe des eigenen Lebens verlangen.

Ideal „Opferbereitschaft"?

Die **Entstehungszeit** des Textes in den 1960er Jahren war geprägt durch die Auseinandersetzung mit der nationalsozialistischen Vergangenheit und den dort verlangten Idealen „Gehorsam" und „Opferbereitschaft". Auch der Vietnamkrieg, in den die USA 1965 offiziell eingetreten waren und der in Deutschland auf zum Teil heftigen Protest verschiedener politischer Gruppierungen stieß, kann als zeitgenössischer Hintergrund des Fried-Textes angesehen werden. Naturgemäß ist der Denkanstoß des Dichters nicht zeitgebunden, sondern lässt sich auf alle Ereignisse übertragen, in denen Mächtige menschliches **Leben als Mittel für das Erreichen bestimmter Ziele** verwenden.

Stichworte:

- Epigramm-Stil
- ohne Metrum oder Reimschema
- optisch gegliederte Prosa
- Thema „Gehorsam", „Opferbereitschaft"
- Kritik an der Leichtfertigkeit, mit der Politiker oder Militärs das Leben anderer aufs Spiel setzen

4. Rolf Haufs (geb. 1935)

4.1 Kurzbiografie

Rolf Haufs' Lyrik greift aktuelle Sachverhalte auf und ist von einem sachlichen, melancholisch wirkenden Stil geprägt.

Rolf Haufs wurde am 31. Dezember 1935 in Düsseldorf geboren. Nach der kaufmännischen Ausbildung war er zunächst als Exportkaufmann tätig. 1960 siedelte er nach Berlin über, wo er seither als freier Schriftsteller arbeitet. 1972 wurde er Redakteur beim Sender Freies Berlin.

Werk:
Sein Werk umfasst Erzählungen, Hörspiele (z. B. *Die Schläfer*, 1965; *Harzreise,* 1968) und Gedichte. Wichtige Lyriksammlungen Haufs' sind: *Straße nach Kohlhasenbrück* (1962), *Sonntage in Moabit* (1964), *Vorstadtbeichte* (1967), *Die Geschwindigkeit eines einzigen Tages* (1976), *Größer werdende Entfernung. Gedichte 1962–1979* (1979), *Juniabschied* (1984), *Felderland* (1986), *Allerweltsfieber* (1990), *Vorabend* (1994), *Augustfeuer* (1996), *Ebene der Fluss* (2002). Seine Lyrik zeichnet sich thematisch durch das Aufgreifen aktueller Sachverhalte aus. Ein nüchterner, teilweise melancholisch wirkender Stil bestimmt viele seiner lyrischen Texte.

Felderland

4.2 Beispiel: *Jeden Tag* (1986)

Fällt hin der Mann. Steht auf
Kriegt Fresse voll. Ein Fotograf macht Geld
Mit seinem Blut. Bescheid weiß man

In vieler Welt: weit weg das Sterben
Hier der Duft Jasmin. Die Juniorgel
Wiegt in Schlaf die Neugeborenen
Lass. Lass. Es müsste sonst
Etwas geschehen.

Gedichte sind Texte, in denen ein Problemgehalt höchst komprimiert dargeboten wird. Auch in *Jeden Tag*, das 1986 veröffentlicht worden ist, lässt sich diese Komprimierung am Thema der **medialen Welterfahrung** beobachten.

Der Text schildert zunächst das Leiden eines Mannes, mit dem ein Reporter Geld verdient. Leid existiert zwar in aller Welt, aber dort, wo die Informationen ankommen, herrscht Friede. Neugeborene werden von einer „Juniorgel" in den Schlaf gewiegt. Der Text endet mit der Aufforderung, Aktionen zu unterlassen, weil dann Veränderungen notwendig würden.

„Juniorgel"

Als Aussage lässt sich die **Kritik an den Nachrichtenmedien** ausmachen, die am Leiden der Menschen Geld verdienen. Aber auch die Medienkonsumenten, die die Passivität pflegen, werden verurteilt. Die Aufgabe der Passivität würde dringenden Handlungsbedarf zur Folge haben; die Aufforderung im vorletzten Vers: „Lass. Lass" ist daher ironisch-sarkastisch zu verstehen.

Es lassen sich die folgenden **sprachlichen Gestaltungsmittel** feststellen:

- einfacher, parataktischer Satzbau, zahlreiche Enjambements, umgangssprachliche Ausdrücke, optische Ausrichtung des Gedichts auf letzten Vers „Etwas geschehen" (V. 8);
- Enjambement: V. 1–8, Bewegung des fallenden und aufstehenden Mannes; Informationsfluss; „Juniorgel", die in Schlaf wiegt;
- Imperative: V. 7, deutliche Mahnung, Handlung zu unterlassen;
- Kontrast: „Sterben/Jasmin" (V. 4 f.) als Verdeutlichung der Diskrepanz von fernem Krieg und hiesiger Sicherheit;

▶ Metaphern: V. 5 f., Assoziation Orgel/Kirche (Frieden), aber auch mit Stalinorgel (sowjetische Waffe im Zweiten Weltkrieg); „Neugeborene" (V. 6) könnten Menschen sein, die sich im Frühjahr über aufkeimendes Leben in der Natur freuen.

Jeden Tag erfahren wir vom Leiden auf der Welt in den Nachrichten. Das Gedicht fordert dazu auf, im Rahmen des Möglichen zu handeln und die eigene Gleichgültigkeit zu bekämpfen.

Stichworte:

- Thema der medialen Welterfahrung
- Kritik an Medien und Medienkonsum
- passives Zuschauen bzw. als Unterhaltung Konsumieren, statt aktives Eingreifen
- einfacher, parataktischer Satzbau, umgangssprachliche Ausdrücke

5. Wolf Biermann (geb. 1936)

5.1 Kurzbiografie

Wolf Biermann gehört zu den wichtigsten **politischen Liedermachern** Deutschlands. Zu den Vorbildern seiner Lyrik gehören Heinrich Heine, Bertolt Brecht und François Villon. Biermanns Gedichte in den 1960er und 1970er Jahren besangen eine marxistische Utopie, benannten aber ebenso die Defizite im real existierenden Sozialismus. Biermanns Texte und Lieder sind fast immer **zeitbezogen** und von hoher **politischer Aktualität.**

Wolf Biermann wurde am 15. November 1936 in Hamburg geboren. Sein Vater gehörte dem kommunistischen Widerstand an und wurde 1943 in Auschwitz ermordet. 1953 siedelte Biermann in die DDR über, wo er an der Ostberliner Humboldt-Universität politische Ökonomie, später Philosophie und Mathematik studierte. 1960 begann er – beeinflusst durch die Bekanntschaft mit dem Komponisten Hanns Eisler – zu komponieren. Zusammen mit Freunden gründete er das (Ost-)Berliner-Arbeiter-Theater. Wegen seiner kritischen Haltung zum SED-Regime wurde 1965 ein generelles Auftritts- und Veröffentlichungsverbot gegen ihn erlassen. 1976 wurde Biermann nach einem Konzertaufenthalt in der Bundesrepublik aus der DDR ausgebürgert, da er sich kritisch über den sozialistischen Aufbau der DDR geäußert hatte. Die Maßnahme führte unter den DDR-Intellektuellen zu lautstarken Protesten. Heute lebt Biermann in Hamburg.

Werk:

Mit Marx- und Engelszungen

Seine bekanntesten Werke sind Gedichte und Lieder, z. B. *Mit Marx- und Engelszungen* (1968), *Affenfels und Barrikade* (1986), *Alle Lieder* (1991), *Alle*

Gedichte (1995), *Heimat. Neue Gedichte* (2006). Zu den Vorbildern seiner politischen, dem Marxismus nahestehenden Lyrik gehören Heinrich Heine, Bertolt Brecht und François Villon. Biermann erhielt zahlreiche Ehrungen und Preise, darunter den Georg-Büchner-Preis (1991) und das Große Bundesverdienstkreuz (2006). Biermanns Texte und Lieder sind fast immer **zeitbezogen** und von **hoher politischer Aktualität.** Die beschriebenen Stimmungen sind teilweise von Sentimentalität und Resignation, zuweilen aber auch von Aggressivität und Bitterkeit geprägt. Er gehört zu den wichtigsten **politischen Liedermachern** Deutschlands.

5.2 Beispiel: *Und als wir ans Ufer kamen* (1978)

Und als wir ans Ufer kamen
Und saßen noch lang im Kahn
Da war es, dass wir den Himmel
Am schönsten im Wasser sahn
Und durch den Birnbaum flogen
Paar Fischlein. Das Flugzeug schwamm
Quer durch den See und zerschellte
Sachte am Weidenstamm
– am Weidenstamm

Was wird bloß aus unsern Träumen
In diesem zerrissnen Land
Die Wunden wollen nicht zugehn
Unter dem Dreckverband
Und was wird mit unsern Freunden
Und was noch aus dir, aus mir –
Ich möchte am liebsten weg sein
Und bleibe am liebsten hier
– am liebsten hier

Das zwei Jahre nach Biermanns Ausweisung aus der DDR entstandene Gedicht thematisiert aus der subjektiven Sicht eines offenbar durch die Teilung Deutschlands betroffenen lyrischen Ichs das **Leben in zwei deutschen Staaten.**
Nach einer Bootsfahrt wieder am Ufer angekommen, bleiben in der ersten Strophe das lyrische Ich und seine Begleitung noch im Boot sitzen. Beide nehmen die Reflexionen der Wasseroberfläche wahr. Sie erkennen den Himmel, die Bäume und ein Flugzeug in teilweise surrealistischen Bildern. In der zweiten Strophe wenden sich die Gedanken der politischen Situation in einem geteilten Land zu. In drei Fragen möchte das lyrische Ich wissen, was aus den Träumen und den Freunden werden soll. Die letzten drei Verse der zweiten Strophe drücken aus, dass das lyrische Ich nicht weiß, ob es gehen oder bleiben soll.

Zerrissenheit der Menschen in der DDR

Das Gedicht beschreibt somit die Zerrissenheit der Menschen in der ehemaligen DDR, die angesichts der Unmöglichkeit der Realisierung ihrer Träume ausreisen möchten, zugleich aber auch in der DDR bleiben würden.
Es lassen sich die folgenden **sprachlichen Gestaltungsmittel** feststellen:

- Anapher (V. 1 f.), als Hinweis auf die Dauer des Verweilens;
- Enjambement (V. 3 f., 5–8), Aufhebung der Trennung zwischen dem, was über der Wasseroberfläche ist, und dem, was darunter ist, Hinweis auf eine erträumte Vereinigung, diese Einheit erweist sich als nicht real (vgl. V. 6–9);
- Wiederholung (V. 8 f.), Verstärkung der Desillusionierung;
- Metapher: zerschellende Flugzeuge (vgl. V. 6–9) für die erwartungsvollen Träume (vgl. V. 10), die zunichte gemacht werden;
- Metapher: „Wunden" (V. 12), die nicht heilen wollen, als Zeichen der Konflikte, die zwischen der Bundesrepublik und der DDR bestehen;
- Metapher: „Dreckverband" (V. 13), eventuell als Hinweis auf die Mauer in Berlin;

- Anapher (V. 14 f.), Verstärkung der Frage, was aus den Menschen werden soll, die dem lyrischen Ich am wichtigsten sind;
- Assonanz: „dir, mir, hier" (V. 15–18), Hinweis auf den Wunsch zu bleiben;
- Tempuswahl: Imperfekt in der ersten Strophe, Futur in der zweiten Strophe mit unbeantworteten Fragen;
- einfache Sprache und einfache Reime als Gegensatz zur schwierigen Situation des lyrischen Ichs;
- **Paradoxon** (V. 17 f.), Darstellung der Zerrissenheit des lyrischen Ichs;
- **Wiederholung:** „am liebsten hier" (V. 17 f.), drückt aus, dass das lyrische Ich zum Bleiben entschlossen ist.

Wolf Biermann thematisiert mit seinem Text die Befindlichkeit von Menschen, in deren Bewusstsein die **Trennung der beiden deutschen Staaten** eine große Bedeutung hat. Auch im Werk des von 1948–1979 in der DDR lebenden Dichters Günter Kunert spielt diese Befindlichkeit eine Rolle. Sie lässt sich zum Beispiel in der symbolhaften Sprache des Textes *Nachtfahrt* finden: Dort wird eine nächtliche Fahrt zum Rahmen für albtraumartige Visionen des lyrischen Ichs. Der Verweis auf den Traumcharakter in der vierten Strophe, in der das lyrische Ich in das Licht der Stadt kommt, ist gleichzeitig die Bestätigung, dass eine Rückkehr aus dem Alptraum nur scheinbar möglich ist.

Günter Kunert
***Nachtfahrt* (1980)**

Mitten durch die Nacht mit dem Wagen
durch die Abwesenheit des Planeten
selber abwesenden Geistes
fleischliches Geschoss auf Rädern
das fünfte Mitglied der Apokalypse
durch bleiches Gewölbe das still
hinter dem Rücken zerfällt

Kosmisches Dunkel
wie vor der Schöpfung oder auch wie
danach: Verlorener Glaube
an Kathedralen und Tempel
an Bahnhöfe Brücken Paläste und nicht
einmal mehr
an die verworrene Höhle Lascaux
wo ich mich einst dem Gestein verband

Nur Nacht noch
und ein greller Splitter am Ende
meiner Mühsal
von hier nach da und wozu
nicht wissend

Am Ende alles wie geträumt:
Die ersten solitären[3] Lampen
das Pflaster und seine Gegenwehr
die Grüfte links wie rechts
all ihre Fenster schwarz versiegelt
und auch die Läden
gefüllt mit Finsternis:
Verbot der Illusion
erwacht zu sein

Die Nacht stellt den Rahmen für eine menschliche Untergangserfahrung her. Die sprachlichen und formalen Mittel unterstützen die ausgedrückte Auflösung eines Sinnzusammenhangs: 4 Versgruppen, reimlos, kein durchgängiges Metrum, fehlende Satzzeichen (bis auf zwei Doppelpunkte in der letzten Versgruppe), Ellipsen (vgl. V. 1 f.), kühne Metaphern (vgl. V. 4), hyperbolische Bilder (vgl. V. 8), Wortwahl aus dem Bereich der Dunkelheit (vgl. V. 2, 6, 8, 16, 24 f., 27), Aufzählungen (V. 10 f.), Enjambements (vgl. V. 17 f.). Über die zeitgenössische Deutung hinaus lässt sich das Gedicht auch als **Bei-**

spiel für eine moderne Anthropologie jenseits von idealistischen Konzepten nehmen.

Stichworte:

- Entstehungszeitpunkt: zwei Jahre nach Biermanns Ausbürgerung aus der DDR
- Leiden an der deutschen Teilung
- zerrissenes Lebensgefühl von DDR-Bürgern: Bleiben oder Gehen?

6. Friedrich Christian Delius (geb. 1943)

6.1 Kurzbiografie

Delius' Werke zeichnen sich durch die präzise, sozialkritische Schilderung der deutschen Wirklichkeit, aber auch durch ihre Subjektivität aus. Seine lyrische Produktion entstand vor allem Ende der 1960er Jahre.

Friedrich Christian Delius wurde am 13. Februar 1943 in Rom geboren. Seine Kindheit und Jugend verbrachte Delius im hessischen Wehrda. In die Schulzeit fallen auch seine ersten literarischen Veröffentlichungen. Nach einem Germanistik-Studium im politisch bewegten Berlin zwischen 1963 und 1970 arbeitete er als Lektor in Berlin. Seit 1978 ist Delius freier Schriftsteller.

Werk:

Seit den 1960er Jahren schreibt Delius **gesellschaftskritische Texte.** Delius' Werk umfasst Lyrik (*Kerbholz,* 1965; *Wenn wir bei Rot,* 1969, *Ein Bankier auf der Flucht,* 1975, *Japanische Rolltreppen,* 1989, *Selbstporträt mit Luftbrücke. Ausgewählte Gedichte 1962–1992,* 1993), aber auch Romane (z. B. *Der Sonntag, an dem ich Weltmeister wurde,* 1994) und Erzählungen. Sein Werk wurde mit zahlreichen Auszeichnungen bedacht, u. a. war er Stipendiat der Villa Massimo (1971) und erhielt den Joseph-Breitbach-Preis (2007) und den Schubart-Literaturpreis (2007). Delius' Werk zeigt viele Facetten und lässt sich keiner bestimmten literarischen Richtung zuordnen: Die **Betonung der Subjektivität** findet sich bei ihm ebenso wie der ausgeprägte **gesellschaftkritisch-satirische Impetus in Form dokumentarischer Literatur** (*Wir Unternehmer*, 1966; *Unsere Siemens-Welt*, 1972). Zuletzt erschien sein Roman *Die Frau, für die ich den Computer erfand* (2009).

Selbstporträt mit Luftbrücke

6.2 Beispiel: *Hymne* (1965)

Ich habe Angst vor dir, Deutschland,
Wort, den Vätern erfunden, nicht uns,
du mit der tödlichen Hoffnung,
du im doppelt geschwärzten Sarg,
Deutschland, was soll ich mit dir,
nichts, lass mich, geh,
Deutschland, du steinigst uns wieder,
auf der doppelten Zunge zerläufst du,
auf beiden Schneiden
des Schwerts, ich habe Angst vor dir,
Deutschland, ich bitte dich, geh,
lass mir die Sprache und geh,
du, zwischen den Zielen, verwest schon
und noch nicht tot, stirb, Deutschland,
ich bitte dich, lass uns und geh.

Die **ironisch-pathetische Sprechhaltung** des Textes tritt bereits im Widerspruch zwischen der Erwartungshaltung, die der Titel „Hymne" auslöst, und dem eigentlichen Textinhalt zu Tage: Literaturwissenschaftlich versteht man unter einer Hymne einen aus der Antike stammenden feierlichen Lobgesang auf Götter oder Helden. Den Charakter eines „Lobgesangs" trägt Delius' Hymne keineswegs, der Text lässt sich eher als ein allerdings emotional-flehentlicher Appell begreifen, dass „Deutschland" das lyrische Ich in Ruhe lassen und verschwinden solle.

Angst vor „Deutschland"

Den Grund für diesen pathetischen Appell nennt das lyrische Ich bereits im ersten Vers: Es hat Angst vor Deutschland. Im zweiten Vers wird näher bestimmt, was mit „Deutschland" gemeint ist: Mit dem „Wort, den Vätern erfunden" (V. 2) weist das lyrische Ich auf ein politisches Konzept hin, das von den Vorfahren entwickelt worden ist. Dieses Konzept lässt sich inhaltlich mit der nationalistischen Ideologie fül-

len, die zum Ersten und zum Zweiten Weltkrieg führte. Sprachlich werden diese historischen Ereignisse in der **Metapher** des „doppelt geschwärzten Sarg(s)" (V. 4) ausgedrückt. Auf den Nationalismus wird mit dem an ein **Oxymoron** erinnernden Ausdruck „tödliche Hoffnung" (V. 3) angespielt.
Die **rhetorische Frage** „Deutschland, was soll ich mit dir" (V. 5), die ohne entsprechendes Satzzeichen steht, könnte auch als Aussagesatz begriffen werden. Die Antwort auf die rhetorische Frage folgt im nächsten Vers, in dem das lyrische Ich das Deutschland-Bild der Vorfahren auffordert, zu verschwinden. Es will offenbar mit einem nationalistischen und militaristischen Vaterland nichts zu tun haben (vgl. V. 6).
In V. 7 wird mit der **Metapher der archaischen Strafe der Steinigung** darauf angespielt, dass die überkommen geglaubten politischen Konzepte, die in den ersten Strophen beschrieben wurden, in der Gegenwart erneut das Deutschland-Bild bestimmen und dazu führen, dass Andersdenkende verfolgt werden. Bezogen auf die politische Situation in den 1960er Jahren wird damit deutlich Kritik an der Außenpolitik der späten Adenauer-Ära geübt, die im Zuge der Westintegration seit 1955 den Aufbau einer Bundeswehr vorangetrieben und sich im so genannten „Kalten Krieg" eindeutig auf die Seite der Westmächte gestellt hatte.
Auf die damals aktuelle Teilung Deutschlands in DDR und BRD spielen auch die Metaphern der „doppelten Zunge" (V. 8) und des zweischneidigen Schwerts (vgl. V. 9 f.) an. Die Metapher der „doppelten Zunge" (V. 8) erinnert an den Ausdruck „mit gespaltener Zunge sprechen" und lässt eine Kritik erahnen, die darauf abzielt, den offiziellen politischen Vertretern beider deutscher Staaten **Unaufrichtigkeit** im Hinblick auf ihre politischen Ziele vorzuwerfen. V. 11 formuliert daher erneut die Bitte, das derartig personifizierte Deutschland, das auch in der zeitgenössischen politischen Lage durch nationalistische und militaristische Vorstellungen geprägt ist, möge verschwinden. Im Unterschied zur ersten Bitte in V. 6 fügt das lyrische Ich in der zweiten Bitte in V. 12 aber hinzu, dass

Deutschland zwar verschwinden, aber die deutsche Sprache nicht mitnehmen solle. In dieser Bitte kommt das Bewusstsein zum Ausdruck, dass die mit der deutschen Sprache verbundene **Kultur bewahrenswert** ist und dass sich das lyrische Ich der Verantwortung stellt, diese Kultur zu schützen.
Von den nationalistischen „Zielen" (V. 13) wird gesagt, sie seien noch nicht ganz verschwunden, daher wird der Tod dieser Ideologie gefordert. Zusammen mit den mehrfach als Epipher formulierten Aufforderungen zu gehen (vgl. V. 6, 11 f., 15) und den Imperativen „stirb" (V. 14) sowie „lass uns" (V. 15) wird eindrücklich klar gemacht, dass das lyrische Ich mit der nationalistischen Ideologie der deutschen Geschichte nichts zu tun haben will und dass es jeden Versuch einer erneuten Besinnung auf diese traditionellen Ziele rigoros ablehnt. Diese Ablehnung wird hymnisch-pathetisch inszeniert. Damit wird auch in der Sprechhaltung einerseits der „Hurra-Patriotismus" der Vergangenheit karikiert, andererseits aber auch die eigene Position nachhaltig zum Ausdruck gebracht.

Stichworte:

- ironisch-pathetische Sprechhaltung
- pathetisch-flehender Appell an „Deutschland", zu verschwinden
- Verabschiedung des überkommenen nationalistischen Konzepts
- dagegen Bewahrung der deutschen Sprache
- Karikierung des „Hurra"-Patriotismus

7. Peter-Paul Zahl (geb. 1944)

7.1 Kurzbiografie

Peter-Paul Zahl war Mitglied der Gruppe 61 und beschäftigte sich mit der Lebens- und Arbeitssituation in der Industriegesellschaft sowie mit der Situation politischer Gefangener. Ein Großteil seines literarischen Werkes entstand während seiner Jahre im Gefängnis, darunter auch seine Gedichtbände.

Peter-Paul Zahl wurde am 14. März 1944 in Freiburg/Breisgau geboren und wuchs in Mecklenburg/Vorpommern auf. Mitte der 1950er Jahre floh seine Familie aus der DDR ins Rheinland. Nach der Mittleren Reife absolvierte Zahl eine Druckerlehre und gründete nach der Übersiedelung nach Berlin 1964 einen **eigenen Verlag**, der überwiegend politisch linksgerichtete und kritische Texte herausbrachte und der „Außerparlamentarischen Opposition" nahestand. In Berlin der **Studentenunruhen** kam Zahl mehrfach mit dem Gesetz in Konflikt. Zunächst wurde gegen ihn eine halbjährige Bewährungsstrafe verhängt, weil er ein Plakat mit der Aufschrift „Freiheit für alle Gefangenen" gedruckt hatte, dann wurde er wegen Widerstands gegen die Staatsgewalt und versuchten Mordes **zu 15 Jahren Haft verurteilt** (Zahl hatte 1972 bei einem Fluchtversuch auf einen Beamten geschossen und ihn dabei lebensgefährlich verletzt), von denen er acht Jahre verbüßen musste. Nach seiner Entlassung 1982 unternahm er ausgedehnte Reisen und ließ sich 1985 in Jamaika nieder.

Werk:
Eine intensive literarische Produktion fällt in die Zeit seines Gefängnisaufenthaltes. Neben Gedichten (*Schutzimpfung*, 1975; *Alle Türen offen*, 1977) hat Zahl Prosa, Dramen und zahlreiche Essays verfasst.

In seinen Werken beschäftigte er sich mit der **Lebens- und Arbeitssituation in der Industriegesellschaft** (1966 trat er der *Gruppe 61* bei), sowie mit der Situation politischer Gefangener und des **politischen Menschen** im Allgemeinen. Eines seiner bekanntesten Werke ist das Drama *Johann Georg Elser* (1982) über den Hitler-Attentäter, der als „Sonderhäftling des Führers" sechs Jahre lang in Konzentrationslagern gefangen gehalten wurde, bevor er kurz vor Kriegsende 1945 ermordet wurde. Zuletzt veröffentlichte Zahl Kriminalromane.

7.2 Beispiel: *panhumanismus* (1966)

Du sollst den bulldozer lieben
den freundlichen bagger
mit zartheit behandle die hobelbank
gönn' ihr eine kur!
gewogen sei der bohrmaschine
und ihren frechen chansons
teile Dein brot mit der fräse
Deine lust mit der thomasbirne –
sei gut zu den maschinen!

Die Vorsilbe „pan" (griech.: ganz, völlig) verdeutlicht, dass das Gedicht einen Anspruch darauf erhebt, eine **allgemeingültige Aussage** zu machen, und zwar hinsichtlich einer die ganze Welt betreffenden Form von Humanität. Diese „Humanität" richtet sich aber entgegen ihrem ursprünglichen Wortsinn nicht auf Menschen, sondern auf Maschinen, die **anthropomorphisiert** werden: Der Bagger ist „freundlich" (vgl. V. 2), die Hobelbank braucht eine Kur (vgl. V. 4), und die Bohrmaschine singt Chansons (vgl. V. 6). Der formale Aufbau des Textes wird vor allem durch Imperativsätze geprägt: „Du sollst" (V. 1), „gönn'" (V. 4), „gewogen sei" (V. 5), „teile" (V. 7),

„sei gut" (V. 9). Insbesondere der erste Imperativ erinnert natürlich an die Formulierung im **alttestamentlichen Dekalog.**
Inhalt der jeweiligen Imperative sind die Forderungen, den Bulldozer und den Bagger zu lieben, die Hobelbank zärtlich zu behandeln und der Bohrmaschine mit Zuneigung zu begegnen, wobei das Arbeitsgeräusch der Bohrmaschine ironisch als „Chanson" (V. 6) umschrieben wird. Die Fräse, eine Maschine für die Ausformung von Holz- oder Metallstücken, und die Thomasbirne, ein Gefäß für die Erzeugung von Stahl, sollen Partner der Mahlzeit und der sexuellen Lust werden. Das Gedicht gipfelt in der Schlussforderung, der Leser solle „gut" zu allen Maschinen sein, damit wird das Motto des Titels wiederholt.
Der **ironische Ton des Gedichtes** lässt die Zielrichtung deutlich werden: Christliches Ethos, auf das mit den an biblische Formulierungen erinnernden Imperativen angespielt wird, das eigentlich den Umgang zwischen Menschen bestimmen sollte, wird für Maschinen eingefordert.

„sei gut zu den maschinen!"

Mit einem Bezug auf das Entstehungsjahr 1966 lässt sich daraus die Kritik an einer gesellschaftlichen Wirklichkeit entwickeln, in der offenbar diese humanen Werte im menschlichen Zusammenleben keine allzu große Bedeutung mehr besitzen, da die Aufmerksamkeit an erster Stelle den teuren Maschinen zuteil werden soll, mit denen das Wirtschaftswunder im Nachkriegsdeutschland ermöglicht wurde.

Stichworte:

- Maschinen-Humanität
- Anthropomorphisierungen
- Imperative, Anklänge an AT-Dekalog
- ironischer Ton
- Kritik an einer Gesellschaft, für die Maschinen wertvoller als Menschen sind

8. Lutz Rathenow (geb. 1952)

8.1 Kurzbiografie

Lutz Rathenow ist ein **ostdeutscher Lyriker.** Zur Zeit der DDR geriet er mehrmals in Konflikt mit der Staatsgewalt und wurde jahrelang von der Stasi überwacht. Seine Vor-Wende-Lyrik beschäftigte sich mit dem Konflikt zwischen dem einzelnen Bürger und einem anonymen Staatsapparat.

Lutz Rathenow wurde am 22. September 1952 in Jena geboren. 1973 begann er ein Studium der Germanistik und Geschichte an der dortigen Universität. Kurz vor dem Ende seines Studiums wurde er aus vorgeschobenen politischen Gründen **zwangsexmatrikuliert** – seine Rehabilitierung mit der Verleihung des Abschlussdiploms der Universität erfolgte erst 1992. Nachdem er sein Studium hatte aufgeben müssen, bestritt Rathenow seinen Lebensunterhalt als Transportarbeiter. Ende 1977 verlegte er seinen Wohnsitz nach Ost-Berlin, wo er als freier Schriftsteller und Theatermitarbeiter lebte. Da er in der DDR nicht publizieren durfte, veröffentlichte er 1980 seinen ersten Prosaband in der Bundesrepublik. Daraufhin wurde Rathenow immer wieder vom Staatssicherheitsdienst der DDR überwacht, vernommen und zeitweilig auch verhaftet, seine Werke konnten nur in Westdeutschland publiziert werden. Trotz dieser Einschränkungen lehnte er Ausreiseangebote stets ab.

überwacht, vernommen und verhaftet

Werk:
Rathenow ist ein Beispiel für einen DDR-Autor, der kritisch schreiben wollte und gleichzeitig darauf achten musste, dass er keinen Anlass für die Behörden bzw. die Stasi gab, ihm staatsfeindliche Äu-

ßerungen vorwerfen zu können. Vor der Wiedervereinigung beschäftigte sich Rathenow in seinen Texten immer wieder mit dem **Konflikt zwischen dem einzelnen Bürger und einem anonymen Staatsapparat,** dem er ausgeliefert ist. Seit der Wende setzt er sich mit spezifischen Problemen von Menschen auseinander, die in der DDR aufgewachsen sind und nun in einem vereinigten Deutschland leben (vgl. z. B. *Gewendet* 2006). Wichtige Lyrikpublikationen Rathenows sind: *Zangengeburt* (1982), *Zärtlich kreist die Faust* (1989), *Sterben will gelernt sein* (2000), *Die Fünfzig* (2002.)

8.2 Beispiel: *Jemand* (1984)

Jemand zieht, nein, nicht sich zurück.
Jemand zieht, nein, nicht an der Schlinge.
Jemand zieht, nein, nicht vor das Fenster
die Gardine, damit ihn keiner beobachtet.
Jemand zieht, na endlich, seine Kreise,
keine Spirale entsteht,
kein Universum ist zu befürchten.
Er zieht einen einzigen Kreis
und bewegt sich in dem,
ohne seinen Radius zu erweitern.
Obschon –
für einen Wächter der Reglosigkeit
bleibt ein Kreis ein Kreis.
Den gilt es einzukreisen,
auf einen Punkt zurückzuführen,
der dann aufzulösen ist.

Die **Lebensbedingungen des Schriftstellers in der ehemaligen DDR** mit einem allmächtigen, bis ins Private reichenden Überwachungsapparat lassen sich als Hintergrund für eine Interpretation

von Rathenows *Jemand* heranziehen, auch wenn damit nur eine mögliche Deutungsrichtung in Erwägung gezogen ist.
Das Gedicht besteht aus optisch gegliederter Prosa, es ist reimlos, ohne Metrum. Anaphorisch wird viermal „Jemand zieht" (V. 1–3, 5) wiederholt. Im Sinne von „sich zurückziehen", „an einer Schlinge ziehen", „Vorhänge vor das Fenster ziehen" bekommen die Verse jeweils eine negative Bedeutung; es wird deutlich, dass sich ein Individuum isolieren will bzw. sich sogar einer tödlichen Bedrohung (vgl. V. 2) aussetzt. Die Aussagen, die sich aus den jeweiligen Vervollständigungen der gleichen Satzanfänge ergeben, werde allesamt verneint (vgl. V. 1–3), bis in V. 5 mit der Wertung „na endlich" eine Bestätigung gegeben wird, dass nun der korrekte Sachverhalt beschrieben wird. „Seine Kreise ziehen" (vgl. V. 5) bedeutet im übertragenen Sinn so viel wie „seine Privatsphäre definieren", also den Raum, in dem sein privates Leben geschützt ablaufen darf. V. 6 f. versichern, dass durch die Abgrenzung dieses Raumes keine Bedrohung entstehen würde: Weder eine Spirale (in die alles andere hineingezogen würde) noch ein Universum (also eine komplett anders gestaltete Gegenwelt) entstünden durch diese Abgrenzung. Vielmehr begnügt sich der angesprochene „Jemand" damit, in dem **von ihm gezogenen Kreis zu leben** (vgl. V. 9 f.).

„Seine Kreise ziehen"

Während der erste Teil des Gedichtes bereits in sich kontrastierend formuliert ist, lässt sich der zweite Teil (ab V. 11), eingeleitet mit dem konzessiven „obschon" (V. 11), insgesamt als Gegenpart zum ersten Teil lesen. Ein „Wächter", der darauf zu achten hat, dass die Gesetze eingehalten werden (vgl. V. 12), wird selbst einen harmlosen Kreis, also die Schaffung einer individuellen Privatsphäre, für eine Bedrohung halten und alles daransetzen, diese vermeintliche Bedrohung zu vernichten – in diesem Sinne steht als letztes Wort des Gedichtes „auflösen" (V. 16). Die Bedrohlichkeit ergibt sich in der Argumentation des Wächters durch die Eigenschaft eines Kreises, abgeschlossen zu sein, das heißt, sich der Kontrolle der Staatsgewalt

zu entziehen. Mit Hilfe der **Groteske** weist das lyrische Ich auf die **Absurdität dieser Argumentation** hin.
Der Text lässt sich nicht nur auf den legitimen Wunsch der DDR-Bürger beziehen, ein privates Leben ohne staatliche Überwachung führen zu dürfen, sondern er lässt sich auf alle autoritären Machtverhältnisse übertragen, in denen die **Grenze zwischen Öffentlichem und Privatem nicht respektiert** wird.

Stichworte:

- Lebensbedingungen in der ehemaligen DDR
- allmächtiger, bis ins Private reichender Überwachungsstaat
- optisch gegliederte Prosa, reimlos, ohne Metrum
- Metapher des Kreises für geschützten Privatraum, der gleichwohl dem Wächter als Bedrohung erscheint

9. Rose Ausländer (1901–1988)

9.1 Kurzbiografie

Das Werk Rose Ausländers ist von den **Erfahrungen von Faschismus und Shoah** geprägt. Der literarische Durchbruch gelang der österreichisch-jüdisch-rumänischen Holocaust-Überlebenden 1965 mit dem Band *Blinder Sommer.*

Rose Ausländer, geb. Rosalie Scherzer, wurde am 11. Mai 1901 in Czernowitz (Bukowina) geboren. Ihr Elternhaus war traditionell jüdisch, aber auch kaisertreu geprägt. Nach dem Besuch einer Handelsschule versah sie seit 1919 auf wechselnden Stellen überwiegend kaufmännische Tätigkeiten. Die politischen Verhältnisse zwangen sie immer wieder zu Ortswechseln. Während ihres ersten Aufenthaltes in den USA zwischen 1921 und 1931 begann sie mit dem Schreiben von lyrischen Texten. Ihr Frühwerk war zwischen Expressionismus und Neuer Sachlichkeit angesiedelt; ihr Debütband *Der Regenbogen* wurde von der Kritik hymnisch gefeiert. Die Erkrankung ihrer Mutter zwang sie seit 1927 immer wieder zu längeren Aufenthalten in Czernowitz; 1931 kehrte sie in ihre Heimatstadt zurück. Nach der Besetzung der Stadt im Jahre 1941 durch rumänische Truppen (Rumänien war damals mit Hitler-Deutschland verbündet) musste sie im dortigen Ghetto versteckt leben. Nach der Befreiung ging sie erneut in die USA; erst in den 1960er Jahren siedelte sie wieder nach Europa über. Seit 1965 lebte sie in Düsseldorf, wo ihr mit dem Gedichtband *Blinder Sommer* (1965) schließlich der literarische Durchbruch gelang. Rose Ausländer starb am 3. Januar 1988 in Düsseldorf.

Werk:
Weitere zum Teil viel beachtete Werke sind *Blinder Sommer* (1965), *36 Gerechte* (1967), *Ohne Visum* (1974), *Andere Zeichen* (1975), *Mutterland* (1978), *Ein Stück weiter* (1979), *Einverständnis* (1980), *Im Atemhaus wohnen* (1981), *Mein Venedig versinkt nicht* (1982), *So sicher atmet nur Tod* (1983). Rose Ausländer bedient sich konventioneller lyrischer Formen. In ihren Gedichten setzt sie sich immer wieder mit der **Katastrophe der Shoah** auseinander, genauso wie der ebenfalls in Czernowitz geborene Paul Celan, den Rose Ausländer während der Zeit im Ghetto der Stadt kennen lernte. Die Wiederbegegnung mit Celan 1957 in Paris führte zu einer neuen Phase ihres lyrischen Werkes.

Katastrophe der Shoah

9.2 Beispiel: *Blatt II* (1977)

Handgrün mit hellen
Adern

Wind schreibt sein Profil
an die Luft

Es unterscheidet sich
von seinen Geschwistern
durch eine leichte Knickung
des Stängels

Ich entdecke
seinen hüpfenden Schattenriss
im Gras

Das Blatt fächelt mir
eine Botschaft zu

ich deute sie als ein Zeichen
unsrer Verbundenheit

Bestürzt sehe ich
einen braunen Fleck
auf seiner Herzlinie
aber die schönen Wölbungen
sind noch grün

grünes Blatt leb weiter
auf meinem weißen Blatt

Naturmotive spielen in den Gedichten von Rose Ausländer eine **zentrale Rolle.** In *Blatt* geht es um die **Verbindung von Natur und Mensch.** Das lyrische Ich beschreibt zunächst das Aussehen eines Blattes (vgl. Z. 1 f.), das vom Wind hin- und her bewegt wird (vgl. V. 3 f.). Aufgrund einer auffälligen Biegung des Stängels lässt es sich von anderen Blättern unterscheiden (vgl. V. 5 – 8). Der Schatten des Blattes bewegt sich auf dem Gras (vgl. V. 9–11). Das lyrische Ich erkennt in der Bewegung des Blattes eine **Botschaft,** die auf die **enge Zusammengehörigkeit** beider hindeutet (vgl. V. 12–15). In der vorletzten Versgruppe nimmt das lyrische Ich einen **braunen Fleck auf der Blattoberseite** wahr und erschrickt darüber. Es beruhigt sich aber damit, dass ein Großteil des Blattes noch grün ist (vgl. V. 16–19). In der letzten Versgruppe fordert das lyrische Ich das Blatt auf, auf dem eigenen Schreibpapier weiterzuleben (vgl. V. 20 f.).

Als Aussage des Gedichtes lässt sich zunächst festhalten, dass die enge **Verbundenheit von Mensch und Natur** in dem Verhältnis von lyrischem Ich und Blatt dargestellt wird. Darüber hinaus ist der optimistische Schluss so zu deuten, dass Dichtung Vergänglichkeit bannen kann. Insofern wird über das Naturmotiv hinaus auch eine **poetologische Aussage** formuliert.

Dichtung bannt Vergänglichkeit

Sprachliche und formale Mittel:

- **Metrum, Reimform:** ohne erkennbares Metrum, reimlos;
- **Syntax, Wortwahl:** Ellipse und Enjambement (vgl. V. 1 f.), vollständiger Satz und Enjambement (vgl. V. 5–21), keine Interpunktion, Wortfeld „Natur": „Wind" (V. 3), „Blatt" (Titel, V. 12, 21), „Stängel" (V. 8), „Gras" (V. 11); Wortfeld „Mensch": „handgrün" (V. 1), „Adern" (V. 2), „Profil" (V. 3), „Geschwister" (V. 6), „Herzlinie" (V. 18);
- **Neologismus:** „Handgrün" (V. 1), „Herzlinie" (V. 18) als Verstärkung des visuellen Eindrucks durch Assoziation;
- **Personifizierung:** „Wind schreibt sein Profil" (V. 4), „Das Blatt fächelt mir / eine Botschaft zu" (V. 12 f.) als Hervorhebung der Verbindung von Mensch und Natur;
- **Personifizierung, Enjambement:** „Es unterscheidet sich / von seinen Geschwistern / durch eine leichte Knickung / des Stängels" (V. 5–8) als Hervorhebung der Verbindung von Mensch und Natur, Nachahmung der Bewegung;
- **Farbsymbol** („grünes Blatt", „weiße(s) Blatt", V. 22 f.): „grün" als Zeichen der Lebendigkeit, „weiße(s) Blatt" hier **metonymisch** für die Bewahrung durch die Dichtkunst; der braune Fleck (vgl. V. 1) ist als Symbol der Vergänglichkeit zu deuten;
- **i- und e-Assonanzen:** „mit hellen Adern" (V. 1 f.), „Wind schreibt sein Profil" (V. 3), „Herzlinie" (V. 18) als Verstärkung der freudigen Erregung durch helle Vokale.

Die **Verbindung von Mensch und Natur** wird als eine besonders intensive betrachtet. Hinter *Blatt* steht eine idealistische Vorstellung der Dichtkunst; die Vorstellung, die Vergänglichkeit durch das poetische Wort bannen zu können, erinnert an die hohe Wertschätzung des Dichters, wie sie Joseph von Eichendorff in *Ihm ist's verliehn…* (1833) formuliert hat: „Da ist nichts mehr, was ihm nicht sollte glücken!" (V. 14). Mit der Romantik verbindet *Blatt* auch die breiten Raum einnehmende Naturmotivik.

idealistische Vorstellung der Dichtkunst

Naturmotive werden auch in moderner Lyrik gerne verwendet, um mit ihrer Hilfe **Themen des menschlichen Lebens** zu gestalten. Eindrucksvoll hat auch die österreichische Lyrikerin Ingeborg Bachmann in ihrem Gedicht *Entfremdung* Naturmotive eingesetzt, um der **Perspektivlosigkeit des Individuums** Ausdruck zu geben. Auch bei Bachmann spielt die **Baum-Metaphorik** eine große Rolle: „In den Bäumen kann ich keine Bäume mehr sehen. / Die Äste haben nicht die Blätter, die sie in den Wind halten" (*Entfremdung*, V. 1 f.). Im Gegensatz zu Ausländers *Blatt* wird die Baum-Metaphorik **nicht auf poetologische Überlegungen**, sondern auf eine **Grundproblematik des Individuums** bezogen: Das lyrische Ich überwindet sein Einsamkeit nicht in der Natur. Es verspürt den Wunsch nach einem Aufhören rationalisierender Wirklichkeitserfahrungen, und es stellt sich die Frage, ob es einen neuen Versuch zur Annäherung an die Natur wagen solle. Das Individuum, das sich um eine intellektuelle Auseinandersetzung mit der Natur bemüht, verliert die Fähigkeit, sich gewissermaßen naiv der Naturerfahrung zu öffnen, weil es ständigem Erklärungszwang ausgesetzt ist. Worte dienen in dem Gedicht nicht mehr der Klärung von Zusammenhängen, sie **verstellen** den Blick auf die Wirklichkeit vielmehr.

Stichworte:

- Verbindung von Natur und Mensch
- optimistische Grundhaltung: Dichtung kann Vergänglichkeit bannen
- Verzicht auf traditionelle lyrische Gestaltungsmittel wie Metrum, Gedichtform und Reimschema
- Nähe zur romantischen Poetologie

10. Jürgen Becker (geb. 1932)

10.1 Kurzbiografie

Jürgen Becker ist ein Kölner Lyriker, Erzähler und Hörspielautor. Auf seine radikal avantgardistisch-experimentellen Anfänge folgte ein etwas konventionelleres Dichten und Erzählen. Vorherrschendes Thema seines lyrischen Schaffens ist die **Landschaft.**

Jürgen Becker wurde am 10. Juli 1932 in Köln geboren. Nach einem abgebrochenen Germanistik-Studium und verschiedenen Tätigkeiten bei Rundfunk und Verlag ist er seit 1968 als Lyriker, Erzähler und Hörspielautor tätig. Von 1965 bis 1966 lebte er von einem Stipendium der Villa Massimo in Rom. Nach 1974 arbeitete er in der Hörspielabteilung des Deutschlandfunks in Köln, wo Becker auch heute lebt.

Werk:
In den 1960er Jahren orientierte sich Becker noch stark an **sprachexperimentell-avantgardistischen Vorbildern**, so in seinem 1964 erschienenen Prosaband *Felder.*
Gegen Ende der 1970er Jahre werden seine Texte formal konventioneller. Vorherrschendes Thema seines lyrischen Schaffens ist die **Landschaft.** Er gestaltet intellektuelle und subjektive Reflexionen jeweils an einem konkreten Anschauungspunkt, sodass öffentlicher Blick und individuelle Beobachtungen und Gedanken zu einer Einheit zusammenzufallen scheinen.[16] Beckers Lyrik findet sich in: *Das Ende der Landschaftsmalerei* (1974), *Erzähl mir nichts vom Krieg* (1977), *Gedichte 1965–1980* (1981), *Fenster und Stimmen*

Einheit von öffentlichem Blick und individueller Beobachtung

16 Vgl. Korte, S. 172 f.

(1982), *Odenthals Küste* (1986), *Das Gedicht von der wiedervereinigten Landschaft* (1988), *Frauen mit dem Rücken zum Betrachter* (1989), *Das englische Fenster* (1990), *Beispielsweise am Wannsee* (1992), *Foxtrott im Erfurter Stadion* (1993) und *Korrespondenzen mit Landschaft* (1997). Weitere Bücher von Jürgen Becker sind: *Phasen* (1960), *Ränder* (1968), *Umgebungen* (1974), *In der verbleibenden Zeit* (1979), *Erzählen bis Ostende* (1981), *Die Türe zum Meer* (1983). Becker erhielt für sein Werk zahlreiche Auszeichnungen, u.a. den Heinrich-Böll-Preis (1995) und den Uwe-Johnson-Preis (2006).

10.2 Beispiel: *Gedicht, sehr früh* (1974)

In der Frühe um fünf weckt mich
das Geräusch eines einzelnen, kreisenden Flugzeugs;
ich kämpfe noch, an den Rändern
des Schlafs, um den Rest eines Traums;
kreischend die Vögel, ehe zu dröhnen
beginnt mein vollbeschäftigtes Land;
fürchterlich wird der Sommer, glücklich die Nachbarn
auf Grundstücken in der Nähe der Autobahn;
resigniert haben einige, vorbei sei
die schönste Zeit, und das zählt nicht;
gestern Abend hörte ich sprechen Leute
in Gärten, Geräusche des Alterns;
vor vielen Jahren erfand ich nach jeder Täuschung
die nächste, dann wusste ich mehr;
so fängt der Tag an, die Volkswagen schnarren,
Wirkliches mit der Zeitung, anderswo noch Schnee.

Jürgen Becker lebte zur Entstehungszeit im Kölner Vorort Brück, in unmittelbarer Nähe zu der im Bau befindlichen Autobahn und zur Einflugschneise des Flughafens. Der Text *Gedicht, sehr früh* lässt sich somit an einem genau feststellbaren historischen Ort lokalisieren.

Der gedankliche Aufbau lässt sich folgendermaßen beschreiben:

- **Beschreibung der Ausgangssituation** (V. 1 f.): Das lyrische Ich wacht um fünf Uhr morgens durch das Geräusch eines Flugzeugs auf.
- **Innenwelt des lyrischen Ich** (V. 3 f.): Das Bewusstsein des Sprechers befindet sich in einem Übergangsstadium zwischen Träumen und Wach-Sein. Das Sich-Lösen vom Traum wird als ein gewaltsamer Akt empfunden.
- **Wahrnehmung der Außenwelt** (V. 5 f.): Durch Lärm verschafft sich die Außenwelt Zugang in das Bewusstsein des lyrischen Ichs: Auf Vogellärm folgen Arbeitsgeräusche.
- **Blick in die Zukunft und in die Vergangenheit** (V. 7–12): Die neu erbaute Autobahn wird der bisherigen glücklichen Zeit der Anwohner durch die Geräuschbelastung ein Ende setzen. Am Abend vorher hat das lyrische Ich Gespräche im Garten gehört, in denen sich Nachbarn in pessimistischer Weise über ihre Zukunftserwartungen geäußert haben.
- **Blick in die eigene Vergangenheit** (V. 13 f.): Das lyrische Ich konstatiert, dass sein bisheriges Bestreben, sich Selbsttäuschungen hinzugeben, sein Bewusstsein erweitert hat.
- **Resümee** (V. 15 f.): Der Tag beginnt mit Arbeitsgeräuschen und Verkehrslärm; die Zeitung verschafft mit ihren Nachrichten der Realität Eingang in den Lebensbereich des lyrischen Ichs. Aus der Zeitung scheint das lyrische Ich auch zu erfahren, dass an anderen Orten Schnee liegt.

Mittel der fortwährenden Selbsttäuschung

Die Folgen der menschlichen Zivilisation, der menschlichen Arbeitswelt und der Natur wirken sich negativ auf das Individuum aus, das zum Mittel der fortwährenden Selbsttäuschung greifen muss, um sich vor der Beeinträchtigung zu schützen.

Die **sprachlichen und formalen Mittel** unterstützen diese Aussage:

- **Metrum und Reimform:** einstrophig, 16 reimlose Verse, ohne durchgängiges Metrum;

- **Enjambements** (vgl. V. 1–4, 5 f., 7 f., 9 f., 11 f., 13 f.): Ausdruck des eindringenden Flug- und Arbeitslärms, des Übergangs zwischen Traum und Wachzustand, des Übergangs von der glücklichen Vergangenheit in die „fürchterlich(e)" (V. 7) Zukunft;
- **Tempuswechsel:** Präsens (vgl. V. 1–6), Futur (vgl. V. 7), Perfekt (vgl. V. 9), Präteritum (vgl. V. 11–14), Präsens (vgl. V. 15 f.) unterstreichen die Denkrichtung des lyrischen Ichs am frühen Morgen und drücken die Überzeugung aus, dass weder Vergangenheit noch Zukunft Distanzierungsmöglichkeiten für das lyrische Ich bieten;
- Anspielung: „vollbeschäftigtes Land" (V. 6) als Verweis auf den politisch-ökonomischen Begriff der Vollbeschäftigung und die überragende **gesellschaftliche Wertschätzung von Arbeit;**
- **Antithese** in V. 7 verschärft den Gegensatz von als **positiv** empfundener Vergangenheit und **negativer** Zukunftsaussicht;
- **Inversion** (vgl. V. 5, 11): nachdrückliche Betonung von störender Lautstärke, „kreischend" (V. 5), und der Vergangenheit, „gestern Abend" (V. 11);
- **indirekte Rede** (vgl. V. 9 f.): Versuch der Distanz; das lyrische Ich ist durch seine Wohnlage auch von der Veränderung betroffen, sodass auch seine „schönste Zeit" (V. 10) vorbei sein könnte – der Distanzierungsversuch ist ein Ausdruck der in V. 13 f. eingestandenen permanenten Selbsttäuschung;
- **Alliterationen:** „kreisenden" (V. 2) / „kreischend" (V. 5) – Zivilisations- und Naturlärm werden mit ähnlich lautenden Ausdrücken beschrieben und somit gleichgesetzt; „Gärten, Geräusche" (V. 12) als Hinweis auf die Verbindung von Natur und Lärm;
- **Ellipse** (vgl. V. 16): Anlehnung an die verkürzende Zeitungssprache; die Auslassung könnte auch auf den im Gedicht thematisierten Verlust hindeuten (vgl. V. 10);
- **Symbol:** „Schnee" (V. 16) – möglicherweise als Bild der Reinheit (Symbolik der Farbe Weiß) und damit als Gegenentwurf zu einer dem lyrischen Ich feindlich gesonnenen Umwelt.

In der Darstellung des Morgen-Motivs erkennt man einen quasinaturalistischen Ansatz, der die **Wirklichkeit ungeschminkt** wiedergibt. Der Text wird gekennzeichnet durch den notizenhaften Charakter seiner knappen, oft unvermittelt einsetzenden Formulierungen, Beobachtungen, Wahrnehmungen und Betrachtungen, die durch konkrete Reize der Innen- und Außenwelt ausgelöst werden. Die Natur ist nicht mehr wie in der Romantik ein Symbol für Freiheit, ein Ziel der Sehnsucht und Ort der Harmonie für das Individuum, sondern sie ist ein Störfaktor – selbst die Gärten werden mit Alter /Tod in Verbindung gebracht. Das Gedicht schließt mit der **resignativen Aussage**, dass sich das Individuum diesen Störfaktoren nicht entziehen kann; es ist ihnen ausgeliefert. Gerade der Schluss zeigt mit der **verstärkten Innenperspektive** ein wesentliches Charakteristikum der Beckerschen Lyrik der 1970er Jahre.

Natur als Störfaktor

Stichworte:

- negative Folgen von Zivilisation, Arbeitswelt, aber auch Natur
- ungeschminkte Darstellung der Wirklichkeit
- notizenhafte Beobachtungen, Wahrnehmungen und Betrachtungen
- Natur als Störfaktor
- verstärkte Innenperspektive

11. Christoph Meckel (geb. 1935)

11.1 Kurzbiografie

Christoph Meckel ist ein Vertreter der zweiten Lyrikergeneration nach 1945. Paradigmatisch für diese Generation steht die Frage nach dem Verhältnis von Dichtung und Wirklichkeit. Auch die politische Dimension spielt in seinem Werk eine wichtige Rolle.

Christoph Meckel wurde am 12. Juni 1935 in Berlin geboren und wuchs in Freiburg/Breisgau auf. Nach einem Grafikstudium in Freiburg, München und Paris lebte er Ötlingen (Südbaden). Heute lebt und arbeitet Meckel in der Provence und in Berlin als Grafiker, Lyriker und Erzähler. 2003 wurde Meckel mit dem Joseph-Breitbach-Preis ausgezeichnet.

Werk:
Christoph Meckel hat u. a. folgende Lyrikbände publiziert: *Tarnkappe* (1956), *Nebelhörner* (1959) *Wildnisse* (1962), *Die Noticen des Feuerwerkers Christopher Magalan* (1966), *Wen es angeht* (1974), *Säure* (1979), *Ausgewählte Gedichte 1955–78* (1979), *Ein roter Faden* (1983), *Plunder* (1986), *Souterrain* (1984), *Anzahlung auf ein Glas Wasser* (1987), *Hundert Gedichte* (1988), *Pferdefuß* (1988) und *Gesang vom unterbrochenen Satz* (1996). Meckel, der v. a. mit *Suchbild – Über meinen Vater* (1980), einer autobiografischen Auseinandersetzung mit der NS-Vergangenheit des Vaters, bekannt wurde, gehört zusammen mit Rolf Dieter Brinkmann, Rolf Haufs, Volker von Törne, Peter Rühmkorf, Oskar Pastior, Nicolas Born und anderen zu der zweiten Lyrikergeneration nach dem Krieg. Paradigmatisch für diese Generation steht die Frage nach dem Verhältnis von Dichtung und Wirklichkeit. Während Meckels frühe Lyrik expressionistische

Frage nach dem Verhältnis von Dichtung und Wirklichkeit

und allegorische Züge trug, spielt in seinem späteren Werk die bundesrepublikanische Gegenwart sowie eine **politische Dimension** eine wichtige Rolle.
Exemplarisch für diese Auffassung kann der poetologische Text *Rede vom Gedicht* stehen:

11.2 Beispiel: *Rede vom Gedicht* (1974)

Das Gedicht ist nicht der Ort, wo die Schönheit gepflegt wird.

Hier ist die Rede vom Salz, das brennt in den Wunden.
Hier ist die Rede vom Tod, von vergifteten Sprachen.
Von Vaterländern, die eisernen Schuhen gleichen.
Das Gedicht ist nicht der Ort, wo die Wahrheit verziert wird.

Hier ist die Rede vom Blut, das fließt aus den Wunden.
Vom Elend, vom Elend, vom Elend des Traums.
Von Verwüstung und Auswurf, von klapprigen Utopien.
Das Gedicht ist nicht der Ort, wo der Schmerz verheilt wird.

Hier ist die Rede von Zorn und Täuschung und Hunger
(die Stadien der Sättigung werden hier nicht besungen).
Hier ist die Rede von Fressen, Gefressenwerden
von Mühsal und Zweifel; hier ist die Chronik der Leiden.
Das Gedicht ist nicht der Ort, wo das Sterben begütigt
wo der Hunger gestillt, wo die Hoffnung verklärt wird.

Das Gedicht ist der Ort der zu Tode verwundeten Wahrheit.
Flügel! Flügel! Der Engel stürzt, die Federn
fliegen einzeln und blutig im Sturm der Geschichte!

Das Gedicht ist nicht der Ort, wo der Engel geschont wird.

Christoph Meckel thematisiert in seinem Werk immer wieder die Aufgabe und das Leistungsvermögen von Dichtung, so z. B. in der Erzählung *Tullipan* (1965) oder in seinem bislang einzigen Roman *Bockshorn* (1973). Auch in dem vorliegenden Gedicht setzt sich der Dichter kritisch mit dem Vermögen von Lyrik auseinander.

Was vermag Lyrik?

Die gedankliche Struktur lässt sich folgendermaßen darstellen:

- Grundlegende **Feststellung,** was das Gedicht nicht ist: Das Gedicht will nicht idealisieren (vgl. V. 1).
- Erste Ausgestaltung der These durch **Beispiele:** Themen von Gedichten sind Leiden und Tod – die Wahrheit erscheint ungeschminkt (vgl. V. 2–5).
- Zweite Ausgestaltung durch Beispiele: Das Gedicht behandelt Verletzungen und Enttäuschungen – Schmerz will es nicht heilen (vgl. V. 6–9).
- Dritte Ausgestaltung durch Beispiele: Themen sind auch existenzielle Mangelerscheinungen und menschliches Leid jeder Art – das Sterben wird nicht idealisiert, ermutigende Hoffnung wird nicht zugesprochen (vgl. V. 10–15).
- Vierte Ausgestaltung als **pointierte Zusammenfassung:** Das Gedicht ist der Ort einer Wahrheit, die gefährdet ist (vgl. V. 16).
- **Metaphorische Erweiterung** der Kernaussage: Bisher angenommene Wahrheiten verlieren ihre Gültigkeit.
- Abschluss: Das Gedicht wird als ein Korrektiv dieser überlebten Ideale verstanden.

Die verwendeten **sprachlichen und formalen Mittel** dienen der Intensivierung von Wirkung und Aussage:

- Metrum und Reim: 19 reimlose Verse ohne festes Metrum; Verse mit fünf Hebungen (Ausnahme: V. 7);
- Rahmen (vgl. V. 1 und V. 19) mit paralleler Satzstruktur; V. 2–15 als Sonett gestaltet: Zäsur in jedem Vers durch Komma angedeutet, zwei Quartette (V. 2–5 und V. 6–9) sowie zwei Terzette

(V. 10–15), dadurch Verweis auf **antithetische Argumentation;**

- Parallelismen wie z. B. Anapher (vgl. V. 2 f.), Geminatio/Epanalepse (vgl. V. 17): Verstärkung des appellativen Charakters;
- Ellipsen (vgl. V. 4, 7 f.) und Inversion (vgl. V. 2) wollen die Aufmerksamkeit auf den Inhalt lenken;
- u-Assonanz (vgl. z. B. V. 6) und Vergleich (vgl. V. 4): poetische Steigerung des Ausdrucks;
- Asyndeton (vgl. z. B. V. 2–4) und Polysyndeton (vgl. V. 10) verstärken den Aufzählungscharakter;
- Alliteration (vgl. z. B. V. 15) betont den Kontrast zwischen „Hunger" und „Hoffnung";
- **Metapher:** „der Engel stürzt (...)" (V. 17) als Hinweis auf die überragende, fast religiöse Wertschätzung bisheriger Ideale.

Die Aufgabe von Lyrik besteht darin, die Wahrheit ungeschminkt ans Tageslicht zu befördern. Der Engel in Meckels Gedicht ist vermutlich eine Anspielung auf den viel zitierten „Engel der Geschichte" von **Walter Benjamin** (1892–1940), der in *Über den Begriff der Geschichte* schreibt:

der „Engel der Geschichte"

„Es gibt ein Bild von Klee, das Angelus Novus heißt. Ein Engel ist darauf dargestellt, der aussieht, als wäre er im Begriff, sich von etwas zu entfernen, worauf er starrt. Seine Augen sind aufgerissen, sein Mund steht offen, und seine Flügel sind ausgespannt. Der Engel der Geschichte muß so aussehen. Er hat das Antlitz der Vergangenheit zugewendet. Wo eine Kette von Begebenheiten vor uns erscheint, da sieht er eine einzige Katastrophe, die unablässig Trümmer auf Trümmer häuft und sie ihm vor die Füße schleudert. Er möchte wohl verweilen, die Toten wecken und das Zerschlagene zusammenfügen. Aber ein Sturm weht vom Paradiese her, der sich in seinen Flügeln verfangen hat und so stark ist, daß der Engel sie nicht mehr schließen kann. Dieser Sturm treibt ihn unaufhaltsam in die Zukunft, der er den Rücken kehrt, während der Trümmer-

haufen vor ihm zum Himmel wächst. Das, was wir den Fortschritt nennen, ist dieser Sturm."[17]

Andere Funktionsbestimmungen, die der Poesie in erster Linie einen hohen ästhetischen oder ethischen Anspruch zuerkennen, werden in Meckels Gedicht abgelehnt. Dass Lyrik somit nach wie vor eine hohe Bedeutung zukommt, wird nicht bestritten; die Entlarvung falscher Wahrheiten und Ideale macht sie aber unbequem, möglicherweise stellt sie auch ein Ärgernis dar. Die **Hervorholung und Demonstration von Wahrheit** kann der Leser im Sinne neuer Erkenntnisse und einer Weiterentwicklung seiner Persönlichkeit nutzen.
Meckel nimmt insofern eine idealistische Haltung ein, als er **Lyrik als Wahrheitsinstrument** versteht und die individuelle und gesellschaftliche Wirkfähigkeit der Poesie unbestritten lässt. Im 20. Jahrhundert bestehen aber **grundsätzliche Zweifel** an der Wirksamkeit von Lyrik bzw. Literatur überhaupt. Dies kann an dem folgenden Lyrikbeispiel von Marie Luise Kaschnitz demonstriert werden:

Marie Luise Kaschnitz
***Nicht gesagt* (1965)**

Nicht gesagt
Was von der Sonne zu sagen gewesen wäre
Und vom Blitz nicht das einzig richtige
Geschweige denn von der Liebe.

Versuche. Gesuche. Mißlungen
Ungenaue Beschreibung

Weggelassen das Morgenrot
Nicht gesprochen vom Sämann

17 Walter Benjamin: *Sprache und Geschichte. Philosophische Essays.* Ausgewählt von Rolf Tiedemann. Stuttgart: Reclam, 1995, S. 146.

Und nur am Rande vermerkt
Den Hahnenfuß und das Veilchen.

Euch nicht den Rücken gestärkt
Mit ewiger Seligkeit
Den Verfall nicht geleugnet
Und nicht die Verzweiflung

Den Teufel nicht an die Wand
Weil ich nicht an ihn glaube
Gott nicht gelobt
Aber wer bin ich daß

Nicht gesagt behandelt wesentliche Themenfelder der Lyrik: Natur, Liebe, Religion. Die wichtigsten Aufgaben des Dichters werden genannt: Trost spenden, Mut machen. In der desillusionierenden Betrachtungsweise des lyrischen Ichs wird das Scheitern beim Versuch, einem dieser Themen oder einer dieser Aufgaben wirklich gerecht zu werden, eingestanden. Am Ende dieses Geständnisses stellt sich für das lyrische Ich die Frage, wer es sei. Eine Antwort auf diese Frage wird nicht gegeben, das mitten im Satz abbrechende, also verstummende Gedicht bleibt mit seiner **desillusionierenden Betrachtungsweise** bezüglich der Aufgabe und dem Wert von Dichtung im Gedächtnis des Lesers, der so möglicherweise angeregt werden soll, eigene Antworten auf diese Fragen zu finden.

Stichworte:
- Aufgabe und Leistungsvermögen von Dichtung
- Aufgabe von Lyrik: Wahrheit ungeschminkt ans Tageslicht zu befördern
- Anspielung auf Walter Benjamins „Engel der Geschichte"
- idealistische Haltung: Lyrik als Wahrheitsinstrument
- im 20. Jahrhundert häufig grundsätzliche Zweifel am Leistungsvermögen der Lyrik

12. Nicolas Born (1937–1979)

12.1 Kurzbiografie

Nicolas Born beschreibt in seiner Lyrik scheinbar Nebensächliches und vermeidet Weltdeutungsentwürfe mit Allgemeingültigkeitsanspruch. Seine Gedichte wurden teils der Naturlyrik, teils der Neuen Innerlichkeit zugeordnet und zeichnen sich durch eine karge, pathosfreie Sprache sowie die **Betonung der Innenperspektive** aus.

Nicolas Born wurde am 31. Dezember 1937 in Duisburg geboren und lebte während seiner Kindheit im Ruhrgebiet. Nach einer Ausbildung zum Chemigraphen[18] fand Born Mitte der 1960er Jahre Kontakt zu literarischen Kreisen wie der Gruppe 47 und dem Literarischen Colloquium in Berlin. Dank eines Stipendiums konnte er seit 1965 als freier Autor leben. 1969/1970 lebte Born in den USA, wo er Autoren der „Beatgeneration" und Lyriker wie Charles Bukowski und Ron Padgett kennen lernte. 1973 wurde er Mitherausgeber des *Rowohlt Literaturmagazins*. 1974, nach der Diagnose eines Krebsleidens, engagierte er sich gegen das Zwischenlager Gorleben. Born starb am 7. Dezember 1979 im niedersächsischen Dannenberg.

Werk:
1965 erschien Borns erster Roman *Der zweite Tag*, zwei Jahre später brachte er seinen ersten Gedichtband *Marktlage* heraus. Es folgte der Lyrikband *Wo mir der Kopf steht* (1970), in dem Born **Kritik am Vietnamkrieg** sowie an der bundesrepublikanischen **Konsumge-**

18 Ein Chemigraph überträgt die Reproduktionsfilme auf Metallplatten und sorgt dafür, dass die nicht zu druckenden Teile herausgeätzt werden; der Ausbildungsberuf existiert seit 1998 nicht mehr.

sellschaft übte. Nach seinem USA-Aufenthalt kam es zu einer formalen Radikalisierung seiner Lyrik (*Das Auge des Entdeckers*, 1972). In den Nachbemerkungen zu diesem Band schreibt Becker:

> *„Literatur hat die Realität mit Hilfe von Gegenbildern, von Utopien erst einmal als die grässliche Bescherung sichtbar zu machen, die sie tatsächlich ist. (...) Unsere besseren Möglichkeiten müssen besser ausgestellt und dargestellt werden; an den besseren Möglichkeiten muss die Realität gemessen werden, nicht umgekehrt. Vorläufig machen die Macher die Realität, und die Literatur liefert den passenden Realismus dazu."*[19]

Realität als grässliche Bescherung

Das Werk, das erstmals eine breitere Öffentlichkeit erreichte, war Borns Roman *Die Fälschung* (1979), der zwei Jahre nach seinem Erscheinen von Volker Schlöndorff verfilmt wurde. Born widmet seine lyrischen Texte vor allem der **Beschreibung von scheinbaren Nebensächlichkeiten**, er vermeidet Weltdeutungsentwürfe mit Allgemeingültigkeitsanspruch. Diesem Ziel dient auch eine überwiegend **karge Sprache**, die auf Pathos verzichtet und mit einfachen Worten individuelle Eindrücke formulieren will. Nicolas Born teilt mit Jürgen Becker nicht nur die Vorliebe für das Naturmotiv, sondern auch die **Betonung der Innenperspektive.** Privatsphäre und Öffentlichkeit stehen sich wie bei Becker als Antipoden gegenüber. 2004 gab Borns Tochter Katharina Nicolas Borns gesammelte *Gedichte* (einschließlich von Werken aus dem Nachlass) heraus.

19 Zitiert nach Nicolas Born: Gedichte. Hrsg. v. Katharina Born. Göttingen: Wallstein, 2004, S. 551 ff.

12.2 Beispiel: *Drei Wünsche* (1972)

Sind die Tatsachen nicht quälend und langweilig?
Ist es nicht besser drei Wünsche zu haben
unter der Bedingung dass sie allen erfüllt werden?
Ich wünsche ein Leben ohne große Pausen
in denen die Wände nach Projektilen abgesucht werden
ein Leben das nicht heruntergeblättert wird von Kassierern.
Ich wünsche Briefe zu schreiben in denen ich ganz enthalten bin –.
Ich wünsche ein Buch in das ihr alle vorn hineingehen und hinten
herauskommen könnt.
Und ich möchte nicht vergessen dass es schöner ist
dich zu lieben als dich nicht zu lieben.

Der Titel des Gedichtes öffnet einen **fantastischen Assoziationsraum:** Das Motiv der drei Wünsche spielt etwa in dem Märchen der Gebrüder Grimm *Vom Fischer und seiner Frau* eine zentrale Rolle, ebenso in mittelalterlichen Texten wie in der Strickerschen Märe *Die drei Wünsche*. Gemeinsam ist diesen Motivgestaltungen, dass auf die Gewährung der Wünsche stets ein Verlust folgt. Es gelingt keiner der Figuren, das Gewünschte zu verstetigen. Insofern wird an diesem Motiv die menschliche Unbesonnenheit exemplarisch dargestellt.

Märchenmotiv der drei Wünsche

In **optisch gegliederter Prosa ohne Reimstruktur und durchgehendes Metrum** werden Fragen und Aussagesätze versifiziert aneinandergereiht: Die rhetorischen Fragen in V. 1 f. stellen fantastische und reale Welt als Gegensatzpaare vor. Die reale Welt wird als schmerzhaft und langweilig (vgl. V. 1) erlebt. Von der fantastischen Welt wird keine wertende Aussage gemacht, außer dass die Erfüllung der drei Wünsche tatsächlich gewährleistet sein muss (vgl. V. 3). V. 4–10 zählen in anaphorischer Reihung drei Wünsche auf, die – im Unterschied zu der Motivgestaltung im Märchen – allesamt nichts mit der Vermehrung materieller Güter zu tun haben.

„ein Leben ohne große Pausen / in denen die Wände nach Projektilen abgesucht werden" (V. 4 f.) ist eine metaphorische Redewendung für die Utopie eines Lebens, das von zwischenmenschlichen Aggressionen verschont bleibt. V. 6 beschreibt diese **Lebensqualität** genauer: Es geht darum, das Leben nicht als etwas Alltägliches und Normales, sondern als etwas Besonderes zu erfahren, das nicht einfach achtlos aufgelistet, gezählt und verwaltet werden kann. Der zweite Wunsch betrifft bereits die **literarische Produktion:** Das lyrische Ich will Briefe schreiben, in denen es „ganz enthalten" (V. 7) ist. Damit sind Texte gemeint, die die Persönlichkeit des Autors vollständig ausdrücken. V. 8 spricht die Rezipienten des Gedichtes an und verschiebt den Blick von der **Produktions- auf die Rezeptionsseite von literarischen Texten:** In der Metapher des Hinein- und Hinausgehens (vgl. V. 8) ist die Vorstellung enthalten, dass sich der Rezipient im Text entdecken kann, dass der Text dem Leser etwas Wesentliches mitzuteilen hat, dass er eine Wirkung ausübt. V. 9 f. gehorcht nicht mehr der anaphorischen Reihung der Verse 4 bis 8; das lyrische Ich hat bereits drei Wünsche geäußert, nun kann es nur noch einer Hoffnung Ausdruck verleihen, die mit „ich möchte" (V. 9) eingeleitet wird. Diese Hoffnung besteht darin, sich immer wieder der Bedeutung von Liebe bewusst zu werden.

Das Gedicht thematisiert das Schreiben: Was anfänglich als individuelle Wunscherfüllung formuliert wird (vgl. V. 4 f.), wird im zweiten Teil des Textes zu einer **poetologischen Reflexion über Inhalt und Funktion der schriftstellerischen Tätigkeit.** Der literarische Text soll die Komplexität menschlichen Lebens widerspiegeln und aus einer den Mitmenschen liebenden Perspektive geschrieben sein. Damit wendet sich der Text bewusst zum Beispiel gegen die Agitprop-Literatur der 1960er Jahre, in der konfrontativ auf Missstände aufmerksam gemacht wurde.

Stichworte:

- Märchenmotiv der drei Wünsche, menschliche Unbesonnenheit
- optisch gegliederte Prosa ohne Reimstruktur und durchgehendes Metrum
- alle drei Wünsche haben bei Born nichts mit der Vermehrung materieller Güter zu tun
- von individueller Wunscherfüllung zur poetologischen Reflexion über Inhalt und Funktion der schriftstellerischen Tätigkeit

13. Rolf Dieter Brinkmann (1940–1975)

13.1 Kurzbiografie

Der früh verstorbene Dichter Rolf Dieter Brinkmann machte die Impulse der US-amerikanischen **Pop- und Underground-Literatur** in Deutschland einem breiten Publikum zugänglich. Das Beschreiben alltäglicher Erfahrungen (Sex, Drogen, Rockmusik) prägt seine Lyrik, die auch mit Fotomaterialien arbeitet. Brinkmanns wichtigster Lyrikband trägt den Titel *Westwärts 1&2.*

Rolf Dieter Brinkmann wurde am 16. April 1940 in Vechta geboren. Noch während der Gymnasialzeit begann er mit dem Schreiben; erste Veröffentlichungen von lyrischen Texten in Zeitungen finden sich schon 1959. Nach einer Buchhandelslehre und einem abgebrochenen Studium der Pädagogik arbeitete Brinkmann unter zum Teil schwierigen finanziellen Umständen als freier Schriftsteller. Zu Beginn der 1960er Jahre schloss er sich der von Dieter Wellershoff initiierten Schule des **„Neuen Realismus"** an und setzte sich in der Folge für die Popularisierung der amerikanischen Avantgarde ein. Bekannt wurde er 1968 mit seinem Roman *Keiner weiß mehr.* Anfang der 1970er Jahre geriet der Autor in eine Schaffenskrise. Brinkmann starb am 23. April 1975 in London bei einem Autounfall.

Werk:

Brinkmann gilt als Protagonist eines radikalen Generationen- und Themenwechsels in der deutschsprachigen Literatur der 1960er Jahre. Wichtige Publikationen Brinkmanns sind *Godzilla* (1968), *Die Piloten* (1968), *Gras* (1970), *Westwärts 1&2* (posthum 1975), *Rom I, Blicke* (posthum 1979) sowie *Standphotos. Gedichte 1962–1970* (posthum 1980). Das Verdienst Brinkmanns ist es, die Impulse der amerikanischen **Pop-**

Westwärts 1&2

und Underground-Literatur in Deutschland einem breiten Publikum zugänglich gemacht zu haben, z. B. durch die Anthologie *Acid. Neue amerikanische Szene* (1969). Für seine Lyrik bedeutete die Orientierung an den amerikanischen Vorbildern die Darstellung neuer Lebensformen, den offenen Umgang mit **Sexualität, Drogen und Rockmusik**, aber auch das Beschreiben ganz alltäglicher Erfahrungen. Neben Montageverfahren werden **Fotos** zu wesentlichen Bestandteilen der neuen literarischen Ausdrucksform. Ein Beispiel für diese innovativen Impulse ist der folgende Text aus Brinkmanns wohl wichtigstem Gedichtband *Westwärts 1&2*:

Die Orangensaftmaschine (1975)

dreht sich & Es ist gut, dass der Barmann
zuerst auf die nackten Stellen eines
Mädchens schaut, das ein Glas kalten

Tees trinkt. „Ist hier sehr heiß,
nicht?", sagt er, eine Frage, die
den Raum etwas dekoriert,

was sonst? Sie hat einen kräftigen
Körper, und als sie den Arm
ausstreckt, das Glas auf

die Glasplatte zurückstellt,
einen schwitzenden, haarigen
Fleck unterm Arm, was den Raum

einen Moment lang verändert, die
Gedanken nicht. Und jeder sieht, dass
ihr's Spaß macht, sich zu bewegen

auf diese Art, was den Barmann
auf Trab bringt nach einer langen
Pause, in der nur der Ventilator

zu hören gewesen ist wie
immer, oder meistens, um
diese Tageszeit.

13.2 Beispiel: *Gedicht* (1975)

Zerstörte Landschaft mit
Konservendosen, die Hauseingänge
leer, was ist darin? Hier kam ich

mit dem Zug nachmittags an,
zwei Töpfe an der Reisetasche
festgebunden. Jetzt bin ich aus

den Träumen raus, die über eine
Kreuzung wehn. Und Staub,
zerstückelte Pavane[20], aus totem

Neon, Zeitungen und Schienen
dieser Tag, was krieg ich jetzt,
einen Tag älter, tiefer und tot?

Wer hat gesagt, dass sowas Leben
ist? Ich gehe in ein
anderes Blau.

Brinkmann, ein Dichter der sich mit seinem Werk der so genannten „Alltagslyrik" bzw. der **„Neuen Subjektivität"** zuordnen lässt, setzt sich in dem vorliegenden Gedicht mit dem Thema „Stadt" auseinander.

---

20 „Pavane" (V. 9): langsamer, festlicher Reihentanz.

Das Gedicht folgt **keiner traditionellen Form.** Es besteht aus fünf dreizeiligen Versgruppen, die durch vers- und strophenübergreifende Enjambements verbunden sind. In der ersten Versgruppe wird eine zerstörte Landschaft erwähnt. Das lyrische Ich erzählt, dass es nachmittags in einem nicht näher bezeichneten Ort angekommen ist. An diesem Ort fällt ihm auf, dass die Hauseingänge leer sind. An seiner Reisetasche hat das lyrische Ich zwei Töpfe befestigt. Am Ende der zweiten Versgruppe wechselt das Tempus wieder, und das lyrische Ich stellt fest, dass es nicht mehr träumt. Es konstatiert in der vierten Versgruppe, dass es einen Tag älter geworden sei und sich tot fühle. In der Suggestivfrage nach demjenigen, der eine solche Existenz als „Leben" bezeichnet hat, kommt seine Unzufriedenheit mit seinem Zustand heraus. Am Ende der letzten Versgruppe steht der Entschluss des lyrischen Ichs, wieder aufzubrechen. Sein Ziel ist in die Metapher des „andere(n) Blau" (V. 15) gekleidet.

Suche nach eigenem Weg

Als **Aussage** des Gedichtes könnte formuliert werden: Vorgefertigte Antworten werden als nicht lebenserfüllend akzeptiert, das Individuum will sich seinen eigenen Weg suchen.

Die **sprachlichen und formalen Mittel** unterstützen die subjektiven Wahrnehmungen der Stadt, insbesondere die Desillusionierung und die Neuorientierung des suchenden lyrischen Ichs. Im Einzelnen sind die folgenden poetischen Mittel festzustellen:

- Das Gedicht folgt keinem traditionellen Schema, es ist reimlos, das Metrum ist unregelmäßig, der Rhythmus frei. Es wirkt **wie optisch gegliederte Prosa.** Auch die Enjambements unterstützen diesen Eindruck, die in jedem Vers zu finden sind und die auf die fortlaufende (Wander-)Bewegung des lyrischen Ichs hindeuten. Der Verzicht auf ein regelmäßiges Metrum und auf Reim drückt Nüchternheit und Eigenwillen aus.
- **Fragesätze** (vgl. V. 3, 11 f., 13 f.): Die nicht beantworteten Fragesätze kennzeichnen das suchende Ich. In V. 2 f. stellt es fest, dass die Hauseingänge leer sind, dennoch fragt es danach, was in ihnen sein könnte (Paradoxon). In V. 11 will es wissen, was es noch

vom Leben erwarten kann. In V. 13 f. distanziert es sich von der allgemeinen Annahme, dass das erlebte Leben den Namen „Leben" überhaupt verdient.

- **Tempuswechsel** (vgl. V. 1–3 und V. 3–5) zur Markierung eines vergangenen Zustands, in dem noch geträumt worden ist, und eines gegenwärtigen Zustands, in dem die Träume der Ernüchterung gewichen sind. V. 15 ist futurisch als Aufbruch zu einer anderen Art von Leben zu verstehen.
- **Alltagssprache** (in V. 11 mit „krieg" sogar **Umgangssprache**), Ellipse (vgl. V. 1–3, 5 f., 8 f.), Wiederholung (vgl. V. 6, 11 und V. 9, 12): Nüchternheit der Beobachtungen, Verzicht auf Feierlichkeit angesichts der Enttäuschung
- Aufzählung/Trias: „Neon, Zeitungen und Schienen" (V. 10) als jeweils Pars pro Toto für die Zivilisation und ihre Künstlichkeit; „älter, tiefer und tot" (V. 12) als klimaxartige Aufzählung des desillusionierenden Seinszustands
- Symbol („Töpfe", V. 5): Das lyrische Ich kommt mit der Erwartung, in der Stadt zu leben, eine neue Heimat zu finden.

Die **zentralen Bilder und Symbole des Textes** lassen sich den Kerngedanken zuordnen:

- **Umweltzerstörung:** Die Umwelt wird in V. 1 f. als verschmutzt erlebt, sie wird sogar als „zerstört" (V.1) bezeichnet. Die „Konservendosen", die wohl achtlos in die Landschaft geworfen worden sind, wirken als Symbol für Zivilisationsmüll, der sich in der Natur wiederfinden lässt.
- **Anonymität:** Das Bild von den leeren Hauseingängen (vgl. V. 2 f.) deutet auf Verlassenheit und Isolation hin.
- **Entscheidungssituation:** Die Symbole „Kreuzung" und „Staub" (vgl. V. 8 ff.) stellen eine Situation dar, in der eine Entscheidung über den weiteren Lebensweg zu erfolgen hat. Der Staub ist das, was von feierlichen Träumen („Pavane", V. 8) übrig geblieben ist; er setzt sich aus Zivilisationsbestandteilen zusammen.
- **Neue Ziele:** Das Farbsymbol „blau" (V. 15), das der Romantik als Erfüllung der Sehnsucht, dem Expressionismus als Todesfar-

be galt, steht für ein neues Ziel, das das lyrische Ich ansteuert. Mit der Romantik verbindet auch das Wandermotiv (vgl. z. B. Eichendorffs *Rückkehr*). In welcher Weise das „Blau" auszudeuten ist, bleibt offen; zu denken wäre an das Leben bereichernde Erfahrungen, z. B. Mitmenschlichkeit, Freundschaft. Klar ist nur, dass das lyrische Ich die von der Zivilisation angebotenen Sinnantworten ablehnt.

Die **Stadt** wird bei Brinkmann als **Ort der Isolation** und der Vereinsamung erfahren. Das lyrische Ich stellt das suchende Individuum in den Mittelpunkt, das sich kritisch mit den vorhandenen Sinnangeboten der Gesellschaft auseinandersetzt. Ohne dass auf religiösen Trost gehofft wird, sucht das Ich am Ende seinen Weg selbst. Trotz der das Gedicht bestimmenden resignativen Haltung lässt sich neue Hoffnung und neues Selbstvertrauen am Ende spüren. In diesem Menschenbild kann auch ein Appell enthalten sein, sich aus fatalistischer Lethargie zu lösen und sich für gesellschaftliche Veränderungen einzusetzen.

Stichworte:

- keine traditionelle lyrische Form, reimlos, freier Rhythmus
- Stadt steht für Einsamkeit, Isolation, Zerstörung, Zivilisationsmüll
- Absage an vorgefertigte Antworten
- Suche des Individuums nach eigenem Weg
- Fragesätze, Tempuswechsel, Alltagssprache
- Symbole (Töpfe, Konservendosen), Farbsymbol (blau)

14. Ursula Krechel (geb. 1947)

14.1 Kurzbiografie

Ursula Krechel thematisiert in ihrem Werk subjektive Erfahrungen aus einer überwiegend weiblichen Perspektive.

Ursula Krechel wurde am 4. Dezember 1947 in Trier geboren. Sie studierte Germanistik, Kunstgeschichte und Theaterwissenschaft und wirkte mehrere Jahre als Dramaturgin an den Städtischen Bühnen in Dortmund. Seit 1972 arbeitet sie als Lyrikerin, Erzählerin und Hörspielautorin.

Werk:
Ursula Krechel thematisiert in ihrem Werk **subjektive Erfahrungen aus einer überwiegend weiblichen Perspektive**, die Suche nach dem eigenen Selbst als Frau, die Bewusstwerdung und Artikulation eigener Wünsche und Hoffnungen in einem bestimmten gesellschaftlichen Kontext. Zu ihren wichtigen Werken zählen: *Erika* (Drama, 1974), *Selbsterfahrung und Fremdbestimmung* (Essays, 1975), *Nach Mainz!* (Lyrik, 1977), *Zweite Natur* (Roman, 1981), *Kakaoblau* (Lyrik, 1989). Ihre neuesten Lyrikbände tragen die Titel *Stimmen aus dem harten Kern* (2005) und *Mittelwärts* (2006). Ursula Krechel zählt zu den Autorinnen, die eine feministische Perspektive mit einer Sprache verbinden, die voller ungewöhnlicher und teilweise kühner Metaphern und Symbolen ist. Dies wird auch in dem folgenden Gedichtbeispiel deutlich.

Nach Mainz!

14.2 Beispiel: *Episode am Ende* (1977)

Kaum hat der unbequeme junge Schriftsteller
die Schlösser seines Koffers zuschnappen lassen
kaum hat er seiner Freundin, der kurzweiligen
noch einmal über das Haar gestrichen, ich
komme ja wieder, bestimmt, sagt er, aber
mit seinem Kopf ist er schon weg.
Halt dich aufrecht, Mädchen!
Sie weiß nicht, ob sie weinen soll. Schließlich
hat sie keine Übung im Umgang mit Männern wie ihm.
Kaum ist er ins Taxi gestiegen, das hier sonnengelb ist
hat diese knappe Liebe und diese Stadt
mein Gott, diese wahnsinnige Stadt am anderen Ende
der Welt, in der einer wie er ein Mädchen braucht
wie das tägliche Brot, wie Toast, was sag ich
wie Buchweizenpfannkuchen mit Sirup
zuhause wird er es selbst nicht mehr glauben
hinter sich gelassen am Nachmittag
kaum ist im Flughafengebäude sein Körper
flüchtig abgetastet von einem Uniformierten
sitzt er schon im Flugzeug, Fensterplatz, Raucher
angeschnallt zwischen jetzt und später
macht es sich bequem in seinen fliegenden Schuhen
und schreibt ein Gedicht: Kaum hab ich
die Schlösser meines Koffers zuschnappen lassen.

In Ursula Krechels *Episode am Ende* nehmen zwei Menschen Abschied voneinander:

- V. 1 f.: Als **Zeichen des Abschieds und des Aufbruchs** lässt ein junger Schriftsteller die Schlösser seines Koffers zuschnappen.
- V. 3–7: Er streicht seiner Freundin tröstend über das Haar und tröstet sie mit dem Hinweis, dass er wiederkommen werde. Das

implizite lyrische Ich kommentiert die Handlung, indem es auf die **Unehrlichkeit des Schriftstellers** verweist, der mit seinen Gedanken bereits weit entfernt ist und emotional unbeteiligt erscheint.

- V. 8 f.: Die **Reaktion des Mädchens** ist von **Unsicherheit** geprägt.
- V. 10–17: Das **Verlassen der Stadt** wird mit dem **Verlassen des Mädchens** verglichen. Das Verlangen des Schriftstellers nach einem Mädchen wird von ihm als selbstverständlich begriffen. Gleichzeitig wird gesagt, dass er sich nach seiner Rückkehr nach Hause kaum mehr an die Affäre erinnern werde.
- V. 18 f.: Der Schriftsteller wird am **Flughafen** der **routinemäßigen Personenüberprüfung** unterzogen.
- V. 20–22: Der Schriftsteller hat im Flugzeug Platz genommen.
- V. 23 f.: Er **verarbeitet das Abschiednehmen** in **Form eines Gedichts;** dabei wandelt er die Formulierung aus V. 1 des vorliegenden Gedichtes ab, indem er die Ich-Perspektive benutzt.

Geliebte als Mittel zum Zweck

Ein Schriftsteller nimmt in routinemäßiger Weise Abschied von einer Geliebten, die er sowohl als **Zeitvertreib** als auch als **Inspirationsmittel** benutzt hat. Deutlich wird die Kritik an der **Verdinglichung** von Menschen. Gerade im Rahmen eine Liebesbeziehung ist es besonders kritikwürdig, den anderen als Mittel zum Zweck zu verwenden.

Es lassen sich die folgenden **sprachlichen und formalen Mittel** bei der Gestaltung des Themas feststellen:

- Versgruppe, 24 reimlose Verse, **kein durchgängiges Versmaß, Rhythmisierung,** optisch gegliederte **Prosa:** Verzicht auf Feierlichkeit, Verdeutlichung der fehlenden emotionalen Tiefe, Hinweis auf Alltäglichkeit der dargestellten Abschiedsszene;
- viermal wiederholter Beginn eines **temporalen Nebensatzes** mit „kaum" (V. 1, 3, 10, 18), Hauptsatz von V. 20–24, **Enjambements** (vgl. V. 1 f., 4 f. und öfter), Inversion (vgl. V. 11–17), **Doppelpunkt** in V. 23: Anlage der Satzstruktur auf die Pointe in

V. 23 f. hin, Enjambements steigern die Dynamik, beschleunigen die Geschwindigkeit der Abschiedsroutine;

- **wertende Adjektive** („unbequem", vgl. V. 1, „kurzweilig", vgl. V. 3), **direkte Rede** (vgl. V. 4 f., 7), **Ausruf** (vgl. V. 7), **Kommentar** des impliziten lyrischen Ichs (vgl. V. 5 f.): Darstellung der Unaufrichtigkeit des Schriftstellers;
- **Vergleich, Correctio** und **Klimax** (vgl. V. 14 f.) zur Hervorhebung der Legitimationsgrundlage; der Schriftsteller geht davon aus, dass er ein Recht hat, ein Mädchen als Mittel gebrauchen zu dürfen;
- **Metapher:** „fliegende( ) Schuhe( )" (V. 22) als Hervorhebung des beschleunigten Abschieds;
- **Aufzählung:** „Flugzeug, Fensterplatz, Raucher" (V. 20) als Verdeutlichung der Alltäglichkeit des Vorgangs.

Für die Zuordnung des Gedichts zur Epoche der Postmoderne sprechen die folgenden Kriterien:

- **Abwendung von traditioneller lyrischer Form:** Verzicht auf ein durchgängiges Metrum, Verzicht auf hohen Stil und Verwendung von Alltagssprache;
- Betonung der **materialistischen Ausrichtung, Entindividualisierung:** Mensch wird als Mittel benutzt;
- **Infragestellung tradierter Werte** wie z. B. Liebe, Verzicht auf Sinngebung durch mythisch-transzendente Welt;
- nur mehr implizites, **verborgenes lyrisches Ich** als Zeichen dafür, dass das **Individuum bedeutungslos** geworden ist.

Charakteristische Merkmale bei der Gestaltung des Trennungsmotivs sind:

- Abschied als Thema
- Es ist es der Mann, der aufbricht; die Frau bleibt zurück.
- Der Mann hat die Frau als ein Mittel zur Befriedigung seiner Wünsche **benutzt;** eine emotionale Bewegung beim Abschied ist auf seiner Seite nicht erkennbar, er scheint eingeübt zu sein

in der **Routine des Abschiednehmens** – für das Mädchen ist der Abschied sichtbar **schmerzhafter.**

- Das **lyrische Ich ist verborgen,** es wirkt nur noch als Zuschauer und übermittelt aus der **Distanz** ironisch zu verstehende Kommentare.
- Die Frau spielt nur eine **Nebenrolle** und entspricht damit der Rolle, die ihr der Schriftsteller zuspricht.
- Krechels Gedicht betont die **äußere, beobachtbare Handlung.**
- Krechel kritisiert die **Gefühlskälte des (männlichen) Schriftstellers,** der die Beziehung zu einer Frau instrumentalisiert und für seine literarische Produktion verwendet.

Stichworte:

- Motiv des Abschiednehmens
- Gegensatz zwischen männlicher und weiblicher Gefühlswelt
- Geliebte als Mittel zum Zweck männlicher (sexueller, literarischer) Bedürfnisse
- Abwendung von traditioneller lyrischer Form
- nur implizites lyrisches Ich als Zeichen für die Bedeutungslosigkeit des Individuums

In der Moderne finden sich zahlreiche motivverwandte Gedichte, die sich auf die Situation der verlassenen Frau konzentrieren. Die Reaktion der Frau kann ganz verschieden zu der in Krechels Gedicht angedeuteten ausfallen. In Ulla Hahns *Mit Haut und Haar* (1981) etwa wird die **Kritik** an der **Selbstaufgabe der Frau** in einer Liebesbeziehung **zugunsten des Mannes** vernehmlich.

Ulla Hahn
***Mit Haut und Haar* (1981)**

Ich zog dich aus der Senke deiner Jahre
und tauchte dich in meinen Sommer ein
ich leckte dir die Hand und Haut und Haare
und schwor dir ewig mein und dein zu sein.

Du wendetest mich um. Du branntest mir dein Zeichen
mit sanftem Feuer in das dünne Fell.
Da ließ ich von mir ab. Und schnell
begann ich vor mir selbst zurückzuweichen

und meinem Schwur. Anfangs blieb noch Erinnern
ein schöner Überrest der nach mir rief.
Da aber war ich schon in deinem Innern
vor mir verborgen. Du verbargst mich tief.

Bis ich ganz in dir aufgegangen war:
da spucktest du mich aus mit Haut und Haar

15. Karl Krolow (1915–1999)

15.1 Kurzbiografie

Karl Krolow gilt als einer der bedeutendsten deutschsprachigen Lyriker der Nachkriegszeit. Sein ebenso umfangreiches wie **vielfältiges lyrisches Werk** kann je nach Akzentuierung in die naturlyrische, konkrete, zeitkritische oder postmoderne Dichtung der Nachkriegszeit eingeordnet werden.

Karl Krolow wurde am 11. März 1915 in Hannover geboren. Seine Kindheit beschrieb der Dichter 1985 in dem Band *Nacht-Leben oder Geschonte Kindheit*. Nach dem Studium (Romanistik, Germanistik, Kunstgeschichte und Philosophie) in Breslau und Göttingen arbeitete er von 1940 an als freier Schriftsteller und publizierte zunächst in Tages- und Wochenzeitungen. Sein Frühwerk war von Oskar Loerke (1884–1941), Elisabeth Langgässer (1899–1950) und Rainer Maria Rilke (1875–1926) beeinflusst; in den 1950er Jahren beschäftigte sich Krolow mit dem Surrealismus. Seit 1956 lebte er in Darmstadt. Neben der Arbeit als Schriftsteller betätigte er sich als Übersetzer v. a. aus dem Französischen und Spanischen sowie als Kritiker, Herausgeber und Essayist. Krolow war von 1972 bis 1975 Präsident der Deutschen Akademie für Sprache und Dichtung. Er starb am 21. Juni 1999 in Darmstadt.

Werk:
Krolows Texte können je nach Akzentuierung in die naturlyrische, die konkrete, die zeitkritische oder die postmoderne Dichtung der Nachkriegszeit eingeordnet werden. Sein umfangreiches lyrisches Werk „bediente" alle diese Strömungen. Grundlegender Zug seiner Texte ist die **Artikulation individuell-subjektiver Erfahrungen,** die ins Allgemeingültige übertragen werden. Diese Tendenz findet

sich auch in seinen naturlyrischen Texten, die in der Naturbetrachtung ein Spiegelbild der menschlichen Existenz mit all ihren Verunsicherungen und Diskontinuitäten wiederfinden. Der Blick auf das menschliche Dasein mit seinen Widersprüchen in anthropologischen Grundfragen (Werden-Vergehen, Freiheit-Unfreiheit, Hoffnung-Angst) bestimmte Krolows lyrisches Schaffen. Er wurde mit zahlreichen Preisen ausgezeichnet, u. a. mit dem Georg-Büchner-Preis (1956), dem wichtigsten Literaturpreis der Bundesrepublik. Wichtige lyrische Veröffentlichungen Krolows waren die Gedichtbände *Wind und Zeit* (1954), *Tage und Nächte* (1956), *Unsichtbare Hände* (1962), *Landschaft für mich* (1966), *Bürgerliche Gedichte* (1970), *Zeitvergehen* (1972), *Herbstsonette mit Hegel* (1981), *Schönen Dank und vorüber* (1984), *Als ich soweit war* (1988), *Ich höre mich sagen* (1992) und *Die zweite Zeit* (1995). 1973 veröffentlichte er den produktionsästhetischen Essay *Ein Gedicht entsteht* (1973).

menschliches Dasein mit all seinen Widersprüchen

15.2 Beispiel: *Neues Wesen* (1967)

Blau kommt auf
wie Mörikes leiser Harfenton.
Immer wieder
wird das so sein.
Die Leute streichen
ihre Häuser an.
Auf die verschiedenen Wände
scheint Sonne.
Jeder erwartet das.
Frühling, ja, du bist's!
Man kann das nachlesen.
Die grüne Hecke ist ein Zitat
aus einem unbekannten Dichter.
Die Leute streichen auch

ihre Familien an, die Autos,
die Boote.
Ihr neues Wesen
gefällt allgemein.

Karl Krolow behandelt in seinem Gedicht *Neues Wesen* das Thema „Frühling". Direkte und indirekte intertextuelle Zitate und Anspielungen verweisen auf das **motivgleiche Gedicht** *Er ist's* von Eduard Mörike (1804–1875). Daher empfiehlt es sich, beide Gedichte vergleichend zu behandeln.

intertextuelle Anspielungen

Eduard Mörike
***Er ist's* (entst. 1829)**

Frühling lässt sein blaues Band
Wieder flattern durch die Lüfte;
Süße, wohlbekannte Düfte
Streifen ahnungsvoll das Land.
Veilchen träumen schon,
Wollen balde kommen.
– Horch, von fern ein leiser Harfenton!
Frühling, ja du bist's!
Dich hab ich vernommen!

Karl Krolow, *Neues Wesen*
Inhalt und Aussage

- V. 1–4: Beschreibung des Frühlings mit zwei Verweisen auf Mörikes Gedicht *Er ist's*; Feststellung, dass er immer wieder kommen werde;
- V. 5–9: Menschen renovieren – der allgemeinen Erwartung nach – in dieser Jahreszeit Häuserfassaden, auf die die Sonne scheint;

- V. 10–13: Erkenntnis des Frühlings aufgrund der Lektüre von Werken über ihn;
- V. 14–16: Erneuerungsaktivitäten der Menschen betreffen auch andere Objekte;
- V. 17 f.: abschließende Feststellung, dass das Ergebnis der Renovierungsarbeiten auf allgemeines Gefallen trifft.

Konzentration auf Äußerlichkeiten

Der Beginn des Frühlings wird von den Menschen dafür genutzt, um den ihnen als wertvoll erscheinenden Dingen ein neues Aussehen zu verleihen. Den von den Menschen geschaffenen Dingen wird gefällige Beachtung geschenkt, **nicht aber dem Frühlingsereignis selbst.**

Sprachliche und formale Mittel

- Fehlen eines einheitlichen und durchgängigen Metrums, **reimlos;**
- **rhythmisierte Prosa:** Hinweis auf die fehlende Feierlichkeit;
- **Zitate** (vgl. z. B. V. 1 f, 10, 12) und Vergleich (vgl. V. 2): die emotionale Dimension des Frühlings ist nur noch in der Literatur als gelebtes Leben zu finden – eine eigene Erfahrung wird nicht gemacht;
- **Enjambements** (vgl. z. B. V. 3 f., 5 f., 7 f., 14 f.): Hervorhebung der Bewegungsabläufe (ewige dauernde Zeit, Anstreichen der Häuser, Auftreffen der Sonnenstrahlen);
- **Wiederholung** (vgl. V. 5, 14): besondere Betonung der „Leute" – Entindividualisierung;
- **Ausruf** (vgl. V. 10): Kontrast zu den Tätigkeiten der Menschen, die den Frühling offensichtlich nicht würdigen;
- **Zeilenstil** (vgl. V. 9–11): Zentrum des Gedichts, dichterische Hervorhebung der zentralen Erkenntnis;
- **Anspielung:** Titel lässt vermuten, dass die Frühlingserfahrung eine innere Erneuerung der Menschen zur Folge hat. Stattdessen konzentriert man sich auf Äußerlichkeiten, denen man durch einen neuen Anstrich ein „neues Wesen" zu verleihen meint.

Die Modernität des Gedichtes zeigt sich z. B. durch

- Verzicht auf ein durchgängiges Metrum;
- Verzicht auf hohen Stil; Verwendung von **Alltagssprache;**
- Betonung der **materialistischen Ausrichtung** der Menschen, die unfähig sind, den Frühling sinnlich-emotional zu erfassen;
- **Veräußerlichung des Naturmotivs,** das nur noch als literarisches Zitat eine Rolle zu spielen scheint;
- Bild von der **Uniformität der Menschen,** die sich in ihrem materiellen Denken gleichen;
- Verzicht auf ein lyrisches Ich als ein Zeichen, dass das **Individuum bedeutungslos** geworden ist.

Eduard Mörike, *Er ist's*
Inhalt und Aussage

- V. 1–4: Das lyrische Ich beschreibt, wie seine Augen und sein Geruchssinn die Ankunft des Frühlings realisieren.
- V. 5 f.: Die Veilchen als Frühlingsblumen bereiten sich auf das Blühen vor.
- V. 6–8: Das lyrische Ich hört in der Ferne eine Harfe schlagen und versteht den Laut als Ankunftszeichen des Frühlings.

Der ankommende Frühling verschafft dem lyrischen Ich Wohlbefinden.

Sprachliche und formale Mittel

Das Gedicht wirkt durch seine **scheinbare Anspruchslosigkeit** und durch seine **Regelmäßigkeit.** Die Verse sind aber kunstvoll gestaltet durch:

- **Metrum:** vierhebiger **Trochäus** (V. 1–4), dreihebiger Trochäus (V. 5 f.), fünfhebiger Trochäus (V. 7), dreihebiger Trochäus (V. 8 f.), jeweils mit abwechselnd männlichen und weiblichen **Kadenzen,** dadurch Betonung von V. 7 durch größere Silbenzahl und von V. 8, die eine **Waise** darstellt;

- **Reimform:** umschließender Reim (V. 1–4), Kreuzreim (V. 5–9), V. 8 als Waise, dadurch besondere Betonung auf dem Wiedererkennen und der Gewissheit des lyrischen Ichs;
- **Zeilenstil,** Vers- und Satzende fallen zusammen: Eindruck von Regelmäßigkeit, mit der auch der Frühling in jedem Jahr von neuem kommt;
- **Personifikation** (vgl. V. 1): Steigerung des poetischen Ausdrucks;
- **Metapher:** „blaues Band" (V. 1) als poetische Ausmalung des überall in der Natur bemerkbaren Frühlings;
- **Alliteration:** „Horch (...) Harfenton" (V. 7) als Verstärkung des Appells;
- **Ausruf** (vgl. V. 8): emphatischer Nachdruck.

Epochen- und zeittypische Merkmale

Das Gedicht lässt sich der Epoche des Biedermeier zuordnen, doch finden sich auch deutliche Anklänge an die Romantik durch:

- **Naturmotivik;**
- Harmonieerleben von Mensch und Natur, enges Verhältnis Natur-Dichter;
- Wiederfinden menschlicher Wahrheit in natürlichen Erscheinungen;
- **Betonung des Gefühls,** Frühling wird nicht nur sinnlich erfahren, sondern mit konkreten seelischen Stimmungen verbunden.

Auch wenn die genannten Kriterien insgesamt die **Wirklichkeit poetisieren,** so fehlen doch die Tiefe der romantischen Empfindung ebenso wie wichtige Motive der Epoche, z. B. die Sehnsucht, die Metapher des Herzens oder die romantische Ironie. Die Beschreibung des persönlichen Empfindens lässt sich eher als anspruchsloser **Rückzug in die subjektive Gefühlswelt** verstehen und damit der **Epoche des Biedermeier** zuordnen.

Zusammenfassende Betrachtung beider Gedichte

- **Frühling** als gemeinsames Motiv;
- kunstvolle formale Gestaltung betont bei Mörike die Freude des lyrischen Ichs; anspruchslose Alltagssprache unterstreicht bei Krolow den Verlust einer tieferen Sinnhaftigkeit des Ereignisses;
- Mörike sieht den **Menschen im Einklang mit der Natur**, er greift das romantische Harmonieerlebnis auf; Krolow gestaltet die **Entfremdung des Menschen** von der Natur in den Bildern rein äußerlicher Tätigkeiten und im Verzicht auf ein lyrisches Ich;
- Unterschiede lassen sich begrifflich umschreiben mit den Gegensatzpaaren: **Innerlichkeit-Äußerlichkeit, lyrisches Ich-Masse, Harmonie-Entfremdung.**

Der intertextuell-spielerische Umgang mit dem Biedermeier-Gedicht **ironisiert die epigonale romantisierende Natur-Auffassung des 20. Jahrhunderts.** Neben der Unterhaltung als Funktion des postmodernen Spiels wird bei Krolow auch ein modernes realistisches Natur- und Menschenbild erkennbar, das die Natur als Lebensgrundlage des Menschen anerkennt und entsprechend zu behandeln versucht.

Stichworte:

- intertextuelle Anspielungen auf Mörike-Gedicht
- Aufmerksamkeit der Menschen gilt der äußerlichen Erneuerung, nicht mehr dem Frühlingsereignis selbst
- rhythmisierte Prosa und Alltagssprache als Hinweis auf fehlende Feierlichkeit
- Entfremdung von der Natur, Naturmotiv spielt nur noch als literarisches Zitat eine Rolle
- Betonung der materialistischen Ausrichtung des modernen Menschen

16. Durs Grünbein (geb. 1962)

16.1 Kurzbiografie

Durs Grünbein gilt als einer der bedeutendsten deutschsprachigen Lyriker der Gegenwart. Der ostdeutsche Autor wurde 1995 als einer der jüngsten Preisträger überhaupt mit dem Georg-Büchner-Preis ausgezeichnet.

Durs Grünbein wurde am 9. Oktober 1962 in Dresden geboren. Nach einem abgebrochenen Studium der Theaterwissenschaften lebt er seit 1987 als freier Schriftsteller in Berlin. Seine erste Gedichtsammlung *Grauzone morgens* (1988), publiziert beim (westdeutschen) Suhrkamp Verlag, datiert noch in die Zeit vor dem Mauerfall. Nach 1989 reiste Grünbein u. a. nach Paris, London, Toronto und New York. Die Entfaltung seiner literarischen Begabung und sein Erfolg stellten sich nach der Wiedervereinigung ein.

Werk:
Grünbeins poetische Produktion orientiert sich an klassischen Vorbildern, gleichzeitig ist sie offen für experimentelle Neuerungen. Ohne in den politischen Dogmatismus der politischen Lyrik zu verfallen und mit einer großen Distanz zu Ideologien und Weltveränderungsappellen, greift Grünbein aktuelle Themen auf und beschreibt subtil **gesellschaftliche Stimmungslagen der modernen Zivilisation.** Grünbein gehört zu den am meisten beachteten Lyrikern der Gegenwart. Wichtige Werke Grünbeins sind: *Schädelbasislektion* (1991), *Fallen und Falten* (1994), *Den Teuren Toten. 33 Epitaphe* (1994), *Von der üblen Seite. Gedichte 1988–1991* (1994), *Das erste Jahr. Berliner Aufzeichnungen* (2001), *Erklärte Nacht* (2002), *Galilei vermisst Dantes*

Schädelbasislektion

Hölle und bleibt an den Maßen hängen. Schriften 1989–1995 (1996) und *Warum schriftlos leben* (2003).
Grünbein erhielt zahlreiche Preise für sein literarisches Werk, zu dem auch Essays gehören. Er wurde u. a. mit dem Georg-Büchner-Preis (1995), dem Peter-Huchel-Preis (1995) und dem Berliner Literaturpreis (2006) ausgezeichnet.

16.2 Beispiel *Nostalgischer Krebs* (2002)

Für Ingo Schulze

Die meisten waren in die Angst verliebt. Wer lief nicht früh
Zu Drehbank, Schule, Wehrdienst unter Kälteschauern,
Wenn sie die Menschen über weite Plätze antrieb „Hüh!"
Vorbei an Krähenschwärmen im Geäst, auf Kränen lauernd.

Angst war der Kiosk mit den Sport-und-Technik-Magazinen,
Die Welle im Verkehrsstrom, auf der Kinderwagen trieben.
Am Bahndepot war sie das trockne Flussbett, Schrott und Schienen,
Der Bus am Feierabend, Hände, die beschlagne Scheiben rieben.

Sie war der Chlorgeruch im Hallenbad, das schrille Lärmen
Paddelnder Kinder, die ein Greis vom Rand der Stangen stieß.
Beim Fleischer, glänzend, die Unendlich-Acht gefüllter Därme,
Das Loch, in dem man Mutters Pausenbrot verschwinden ließ.

Angst war das Unbekannte dort am Mahnmal des Soldaten,
Das wuchs, kaum drehte man sich um. Sie war der Halleffekt
Der Straßen, stadionbreit, wenn beim Vorbeimarsch die Kastraten
Die *Kleine weiße Friedenstaube* würgten. Gut versteckt,

War sie das kostbarste Gefühl von allen. Schwer im Magen,
Der Filzstumpf, den geschluckt zu haben, man sich nie verzieh.
Angst war die Vier, die Drei, die Zwei im Fach Betragen.
Alles vorauszusehen: die Flucht, erpresst, die Nostalgie.

Bereits der Titel deutet die Rückwärtsgewandtheit an: Das Wort „Krebs" steht für das Rückwärtsgehen. **Nostalgie** bezeichnet eine sehnsuchts- und schmerzvolle, vor allem aber verklärende Erinnerung an eine frühere Zeit. Vollends die Widmung für den ostdeutschen Schriftsteller Ingo Schulze, in dessen Werk die Aufarbeitung der DDR-Vergangenheit eine große Rolle spielt (z. B. in seinem Erzählband *Simple Storys,* 1998), zeigt an, dass es thematisch um Erinnerung an das Leben in der ehemaligen DDR geht. Diese Erwartung wird auch erfüllt, am deutlichsten im **montierten Zitat** eines der beliebtesten DDR-Kinderlieder, des 1949 von Erika Schirmer verfassten Liedes *Kleine weiße Friedenstaube.*

Erinnerung an DDR-Alltag

- Die **erste Strophe** beginnt mit der paradoxen Feststellung, dass die Menschen in die Angst verliebt gewesen seien. Die Begründung führt das Paradoxon weiter und mündet in der ironischen Feststellung, dass das Verliebtsein dadurch erkennbar sei, dass sich die Menschen von der Angst stets haben begleiten lassen. An der Ausbildungsstätte, in der Schule, im Wehrdienst sei die die Angst stets gegenwärtig gewesen, V. 3 personifiziert sie als Reiter, der die Menschen angetrieben hat. Das Adjektiv „lauernd" (V. 4) signalisiert ihre Bedrohlichkeit, sie habe von oben auf die Menschen herabgeblickt, sie dominiert (vgl. V. 4). Ein gleichmäßiges jambisches Metrum ergibt zusammen mit einem Kreuzreim und abwechselnd männlichen und weiblichen Kadenzen den Eindruck eines wohlgeordneten Aufbaus, der aber im **Kontrast** steht zu dem ausgeführten Thema.
- In der **zweiten Strophe** werden weitere **Lebensbereiche** genannt, die mit **Angst** personifiziert werden. Es sind die alltäglichen Tätigkeiten wie der Gang zum Kiosk oder das Fahren mit öffentlichen Verkehrsmitteln, die mit der negativen Emotion verbunden waren.
- In der **dritten Strophe** werden Freizeitbeschäftigungen wie das Schwimmen im Hallenbad genannt. Aber auch ein normaler Einkauf oder die „Entsorgung" des Schulbrotes waren angstbesetzt.

- In der **vierten Strophe** wird die Angst mit **politischen Erinnerungen** verknüpft: dem Mahnmal des unbekannten Soldaten und den inszenierten Aufmärschen, bei denen Jung-Pioniere Lieder wie *Kleine weiße Friedentaube* sangen. Das Mittel des Kontrastes zwischen dem Liedtitel und der beherrschenden Emotion macht die Problematik des Lebens in der DDR anschaulich.
- Ähnlich paradox wie in der ersten Strophe stellt das lyrische Ich in der letzten Strophe fest, dass die Angst das „kostbarste Gefühl von allen" (V. 17) gewesen sei.

„kostbarstes Gefühl von allen"?

Das Gefühl der Angst als **Disziplinierungsmittel** hat bereits in der Schule gewirkt. Mit dem Überwachungsinstrument der Stasi und ihrem Heer an informellen Mitarbeitern hat die Angst jeden Lebensbereich betroffen, wie in den Strophen eins bis vier deutlich gemacht wird. Dennoch behauptet das lyrische Ich, diese Angst sei kostbar gewesen. Verständlich wird die Intention erst durch den letzten Vers: Mit „die Flucht, erpresst" (V. 20) könnte darauf angespielt werden, dass viele Menschen aus der DDR geflohen sind und fliehen wollten. „Erpresst" könnte auf die Situation der zurückgebliebenen Familienangehörigen aufmerksam machen oder auf einen politischen Topos vor allem linker politischer Gruppierungen hinweisen, der zum Inhalt hat, dass die DDR bei der Wiedervereinigung gar keine andere Wahl gehabt habe, als ihre Eigenstaatlichkeit aufzugeben. Das letzte Wort des Gedichtes klärt die paradoxe Beschreibung der Angst auf: Ein **verklärend-nostalgischer Blick** auf das Leben in der DDR („Es war ja nicht alles schlecht.") führt dazu, dass man selbst das alles beherrschende Gefühl der Unfreiheit idealisiert und die Angst gar für das kostbarste aller Gefühle hält.

Grünbein **kritisiert** mit diesem Text eine **idealisierende Rückwärtsgewandtheit,** die die wahren Sachverhalte vergisst. Als poetisch-formales Gestaltungsinstrument bedient er sich der **Groteske,** die mit Hilfe unvereinbarer Kontraste auf die Problematik einer solchen DDR-Nostalgie verweist.

Das Thema „Angst", und zwar vor allem im erinnernden Rückblick, beschäftigt Grünbein auch in einem anderen Text, der die **typischen Schülerfahrungen** aus einer Sportstunde gestaltet (unter Anspielung auf eine gleichnamige Novelle Rilkes). Die „Kälte", mit der die Erniedrigung erlebt wird, ist ein Synonym von Angst:

Durs Grünbein
***Turnstunde* (2007)**

Am Morgen hockten wir, als Klasse aufgereiht,
Vor einer Sprossenwand und waren klein
Und hatten Gänsehaut vor Kälte. – „Seid bereit!"

Schrie uns der Lehrer an. Wir nannten ihn Das Schwein.
Vor Zeiten war das, Schattenwelt. Ach, so weit fort
Gewünscht hat man sich früh beim Sport.

Nun ist man da: weit fort. Und dreißig Jahre älter.
Das Schwein ist tot. Er starb an Herzinfarkt.
Doch niemals war die Kälte wieder kälter,

Als früh im Turnsaal damals. – „Wer wird stark?"
Der sich am Reck aufschwingt, die Lippen blau?
Der sich zurückzieht in sein Schneckenhaus?

Stichworte:

- Kritik an nostalgischer Verklärung der DDR-Vergangenheit
- Angst als dominierendes Lebensgefühl und Disziplinierungsmittel
- Mittel der Groteske

17. Markus Köhle (geb. 1975)

17.1 Kurzbiografie

Der Österreicher Markus Köhle ist ein Vertreter der Poetry-Slam-Dichtung.

Markus Köhle wurde 1975 in Nassereith/Österreich geboren. Nach dem Studium der Germanistik und Romanistik war er zunächst als DaF-Lehrer tätig, 2004 wechselte er auf eine Forschungsassistenz an die Universität Innsbruck. Seit 2001 verfasst Köhle eigene literarische Texte, daneben ist er als Rezensent für Literaturzeitschriften tätig. Eine auch internationale Bekanntheit erwarb sich Köhle durch die Veranstaltung von Poetry-Slam-Wettbewerben. Seit 2002 ist er Moderator und Organisator des monatlichen *Bierstindl Poetry Slams* in Innsbruck, daneben ist er Mitarbeiter des internationalen Literaturfestivals *Sprachsalz* in Hall. 2009 erhielt er das Österreichische Staatsstipendium für Literatur. Außerdem vertrat er das Land 2008 bei der *Slam!Revue* des Internationalen Literaturfestivals in Berlin.

Werk:
Markus Köhle arbeitet mit Poetry-Slam-Texten. Unter „Poetry-Slam" versteht man den **öffentlichen Vortrag** eines Textes, meist im Rahmen eines Dichterwettstreites, bei dem der Vortrag mit mimischer, gestischer und stimmlicher Ausgestaltung in einem vorher festgesetzten zeitlichen Rahmen zu geschehen hat und vom Publikum beurteilt wird. Köhle bevorzugt **formal streng festgelegte Textmuster**, z. B. die alphabetische Abfolge der Buchstaben als Strukturprinzip eines Textes in *Letternletscho. Ein Stabreim-Abcetera*, Sisyphus (2004). Seine Texte sind auf die Performance ausgelegt: Köhle spielt mit Wortfeldern und Wortfamilien, individuellen Assoziationen und intertex-

Dichterwettstreit vor Publikum

tuellen Anspielungen - der poetische Aufwand dient in erster Linie dem ästhetischen Genuss. Der gedruckte Text kann naturgemäß wesentliche gestalterischen Vortragselemente nicht abbilden, die bei der **mündlichen Aufführung** im Rahmen eines Poetry-Slams verwendet werden. Bei der Lektüre ist daher zu bedenken, dass diese Form der Lyrik in erster Linie Aufführungsliteratur und keine „Leseliteratur" ist. Köhles Einzelpublikationen lauten: *Pumpernickel. Erzählungen* (2003), *Couscous à la Beuschl. Episodenroman* (2004), *Brahmskoller. Mit Textvorhängen* (2005), *Riesenradschlag* (2007), *Sprechknoten. Spoken Word, Performance und Slam Poetry* (gem. mit Mieze Medusa, 2007) und *Bruchharsch* (2009).

17.2 Beispiel: *China 285* (2007)

Charismatische Hyäne in Nürnberg Abgehauen
Chiffrierte Hologramme indogermanischer Natur anschaubar
Caballero hetzt Inka nach Arkadien
Cellistin hatte indes nächsten Auftritt
Callboy halluzinierte interessante nebulöse Annahmen
Cannabis hat irgendwo nichts Außergewöhnliches
Cannelloni hingegen immerhin nahrhafte Anteile
Camus hustete inbrünstig, nächtens, allabendlich
Calypso Herbert ist natürlich Ausnahmetalent
Champagner her - ihr nutzlosen Adepten
Capuccino habt ihr nur - Arschlöcher!
Coolness hypt, Individualität nützt Andersdenkenden
Cäsar hieß im Namen anders
Camping heißt in Natur abliegen
Charismatische Hyäne in Naturns aufgetaucht
Caterpillar hievte immense nubische Ansammlungen
Chuzpe hängten ihm Nörgler an
Chor: Halleluja Inferno Navigator Agitator
Cholera Hepatitis Inzucht Nekrophilie Alzheimer

Chow-chow hopste inkognito neben Ajatollah
Cicero hatte immer nur Analverkehr
Clinchen habe ihn nicht auch
Clinton habe ihn nie angemacht
Choreografisch hinkt inszeniertes neues Auftreten
Chronologisch harmoniert's irgendwie nahezu allemal
Club Helvetia im nahen Austria
Christen huldigen innigst nomadische Alphornbläser
Cockney hat im Norden Ansehen?
Claquere haltet inne! Noch Ausführungen
Clownesk haspeln integre Nobilitäten: Autismus
Connaisseure hochlobten ihre natürliche Authentizität
Córdoba habt ihr noch abrufbar?
Contenance hudeln inkontinente Nonames, Achtung!
Calypso-Herbert ist nacht-aktiv!
Currywurst heiß, ist Naomis Ausnahmemahlzeit
Cremesuppe hasst indes Nitsch abgöttisch
Chor: Halleluja Inferno Navigator Agitator
Cholera Hepatitis Inzucht Nekrophilie Alzheimer

Courage heißt immer Nonchalance auftischen
Coupés haben insbesondere nächtens Angenehmes
Countdown Hirsebrei Illuminaten neuerer Art
Cayenne – Hegel – Igel: negativ absurd
Charme hat immer Nutzen, allemal
Chaotische Handlungen ignoranter Nasenbären ablehnen
Crux: heute ist nicht anytime
Coyote hielt in Naturns an
Charismatische Hyäne in Naturns aufgefressen
Calypso Herbert insistierte nicht ausreichend
Callboy hieß ihn Nippel ablutschen
Cellistin habe indiskret Nitsch angemacht
Caballero hielt inzwischen Naomi auf
Cicero hatte insurgiert, nahezu ajatollagleich

Camus hält Instruktionen nicht aus
Cognac hat's ihm neuerdings angetan
Conclusio habemus: illiterarischer Nepp, Angeberei!
Chor: Halleluja Inferno Navigator Agitator
Cholera Hepatitis Inzucht Nekrophilie Alzheimer

Köhle selbst gibt im Intro (Vorbemerkung) über die Entstehung des Textes Auskunft: Er habe in einem China-Restaurant das „Menü 285" (gebratene Ente) bestellt und beschlossen, einen Text mit dem Titel dieses Menüs zu verfassen, der aus 285 Wörtern besteht. Er habe einen **streng mathematischen Text** kreieren wollen: „China" hat fünf Buchstaben, jede Verszeile gibt einen dieser Buchstaben wieder, 19 Verszeilen mal drei Strophen macht 57, die wiederum mit fünf multipliziert genau 285 ergeben.

Das Gedicht entspricht dem antiken Versform des **Akrostichons:** Dabei bilden die einzelnen Buchstaben von „China" jeweils den Anfangsbuchstaben der aus fünf Wörtern bestehenden Verszeilen. Formal ist der Text somit streng mathematisch aufgebaut. Einen tieferen Sinn ergibt er aber dennoch nicht. Der Aufbau dient, wie auch der Inhalt, in erster Linie der Unterhaltung. Die Aufbauregel gibt dem Autor eine Gelegenheit, sein Können im Bereich des poetischen Sprachspiels unter Beweis zu stellen.

Auch wenn eine kohärente Sinnstruktur nicht angestrebt wird, so finden sich in den drei Strophen doch **wiederkehrende Motive:** Die Hyäne beispielsweise, die in V. 1 in Nürnberg „abhaut", taucht in V. 15 in Naturns in Südtirol auf, wo sie in V. 46 von einem Coyoten gefressen wird. Diese wiederkehrenden Elemente bieten aber nur eine scheinbar kohärente Struktur an, in Wirklichkeit ist der **Inhalt völlig sinnlos.** Eine Aussage oder gar „Lehre" ist nicht zu bestimmen. Die „chiffrierte(n) Hologramme indogermanischer Natur" (V. 2) existieren nicht, sie sind reine Fantasiegebilde und daher nicht „anschaubar" (V. 2). Poetische Überlegungen fügen die Worte aneinander, weil sie dem formalen Prinzip „CHINA" entsprechen und au-

formales Prinzip „CHINA“

ßerdem durch o- und a-Assonanzen einen einheitliche Klanggestalt haben.
Die Aussage in V. 3 ist weder geografisch noch zeitlich verifizierbar, allenfalls der Konzertauftritt einer Cellistin ist plausibel, doch die Zusammenstellung entbehrt einer tieferen Bedeutung. Die Aneinanderreihung sinnfreier Aussagen erinnert tatsächlich an die in V. 5 erwähnte „Halluzination". Die Droge Cannabis ist demnach „irgendwo" ein alltäglicher Konsumartikel, eine bestimmte italienische Nudelsorte ist nahrhaft, der französische Schriftsteller Albert Camus hustete: Alle diese Aussagen sind von **gewollter alltäglicher Plattheit**, der Inhalt der Worte ist nur „Beiklang", ihr „Sinn" steht nicht im Mittelpunkt des Textes. Umgangssprachliche Kraftausdrücke (vgl. V. 11) oder jugendsprachliche Begriffe (vgl. V. 12) erweitern den poetischen Ausdruckshorizont, Wortwitz wie „Camping heißt in Natur abliegen" (V. 14) dient ebenfalls der Unterhaltung. In V. 16 wird eine Firma für Baumaschinen in einen Zusammenhang mit einem vorgeschichtlichen afrikanischen Volk gebracht, dessen Relikte ausgegraben werden. V. 17 schließlich drückt aus, dass einer Person der Vorwurf der Überheblichkeit gemacht wurde – ein Vers, der erneut keine kontextuelle Verortung kennt. V. 18 f. beinhalten einen Refrain, der aus einer Aufzählung religiöser, nautischer und medizinischer Begriffe besteht, völlig ohne inneren Sinnzusammenhang auskommt und binnenstrukturell durch einige i-, a- und o-Assonanzen verbunden wird.
Wie Strophe 1, so lassen sich auch die beiden anderen Strophen in ähnlicher Weise untersuchen; das Ergebnis ist das gleiche: Auf eine Sinnhaftigkeit des Gesagten wird verzichtet, im Vordergrund steht die **Wirkung** der nach einem formalen Kriterium bewusst gewählten Worte. Der Text kommentiert dabei sein eigenes Werk: „Conclusio habemus: illiterarischer Nepp, Angeberei!" (V. 55) – abwertend werden der Text als „Nepp" und die Bemühungen des Autors als **„Angeberei"** bezeichnet. Das Produzierte sei „illiteral", keine Literatur also. Nach dieser kritischen Bemerkungen wird nochmals der Refrain wiederholt, mit dem der Text beendet wird.

Das **Spiel mit Assoziationen und mit dem Wortmaterial**, der Verzicht auf eine nachvollziehbare tiefere Sinnhaftigkeit des Geschriebenen jenseits des Unterhaltungswertes, das strenge Befolgen mathematischer Regeln des Dichtens und schließlich der explizite Eigenkommentar machen den Text zu einem typischen **Beispiel postmoderner Literatur.** Für diese Zuordnung spricht auch der immanente mediale Paradigmenwechsel, der dadurch vollzogen wird, dass der Text weniger auf die Leserezeption, als vielmehr auf die audiovisuelle Rezeption ausgerichtet ist. Daher ist es nur folgerichtig, dass dem Buch eine CD als Begleitmedium beigegeben ist.

Stichworte:

- streng mathematischer Aufbau
- formales Prinzip „CHINA" (Akrostichon)
- trotz wiederkehrender Motive inhaltliche Bedeutungslosigkeit
- Zurschaustellung sprachlichen Könnens
- Spiel mit Assoziationen und Wortmaterial
- Text auf Wirkung bei audiovisueller Rezeption angelegt

Glossar

Akzent
(lat. „Zugesang")
Hervorhebung durch besondere Betonung (Erhöhung der Tonstärke); **Versakzent** wird durch die Anzahl der → Hebungen und → Senkungen in einem Vers bestimmt, die Hebungen ermittelt man durch die natürliche Betonung eines Wortes. **Wortakzent** richtet sich nach der Stammsilbe (z. B.: „geben"). Der **Satzakzent** wird bestimmt durch die Aussageabsicht. Das, was besonders betont werden soll, steht am Anfang oder am Ende des Satzes.

Allegorie
(griech. „bildliche Redeweise")
Bildhaft-konkrete Darstellung von etwas Abstraktem, Allegorie ist das, was sie meint (Unterschied zum → Symbol).
Beispiel: Greis, der Alter darstellt

Alliteration
(aus lat. „hinzu" + „Buchstabe")
Gleicher Anlaut der Konsonanten der Stammsilbe (Stabreim), vgl. → Assonanz.
Beispiel: „**W**under und **W**eihen" (Benn *Reisen*)

Alternation
(lat. „abwechseln")
Regelmäßiger Wechsel von einsilbiger → Hebung und einsilbiger → Senkung.

Anadiplose
(griech. „Verdoppelung")
Verstärkende Wiederholung des letzten Wortes oder von Teilen des letzten Satzes zu Beginn eines folgenden Satzes oder Verses.

Beispiel:
„Ein Mann wohnt im Haus der spielt mit den Schlangen **der schreibt**
der schreibt wenn es dunkelt nach Deutschland dein goldenes Haar Margarete"
(Celan, *Todesfuge*, V. 5 f.)

Anapäst
(aus griech. „Zurückschlagen")
Dreisilbiger → Versfuß, der aus zwei kurzen (unbetonten) Silben und einer langen (betonten) Silbe besteht.
Beispiel: *Anapäst*
◡◡–

Anapher
(griech. Beziehung)
Wiederholung desselben Wortes oder derselben Wortgruppe am Anfang von aufeinander folgenden Sätzen oder Satzgliedern. Gegensatz: → Epipher.
Beispiel:
„wir trinken dich mittags der Tod ist ein Meister aus Deutschland
wir trinken dich abends und morgens wir trinken und trinken"
(Celan *Todesfuge*)

Apokoinu
(griech. „vom Gemeinsamen")
Stilfigur, bei der sich Wörter oder Satzglieder doppelt in Bezug setzen lassen.
Beispiel: V. 3 bezieht sich auf V. 2 und auf V. 4:
„Du wirst reich sein
Markenstecher Uhrenkleber:
wenn der Mittelstürmer will
wird um eine Mark geköpft"
(Enzensberger, *Bildzeitung*)

Archaisierung
(griech. „Anfang")
Benutzung altertümlicher Wörter.
Beispiel: „einstmals" (Brecht, *Lied vom Rauch*)

Assonanz
(griech. „gleich tönend", „Anklang")
Halbreim durch Gleichklang der Vokale.
Beispiel:
„Ich weis nicht was ich wil/ich wil nicht was ich weis"
(Martin Opitz, *Francisci Petrarchae*)

Asyndeton
(griech. „unverbunden")
Reihung von Sätzen oder Satzgliedern ohne Konjunktion.
Beispiel: „ein ganzes Heer beschmutzter Prinzen
Turandots Mitgift unfehlbarer Tip
Tischlein deck dich:
du wirst reich sein."
(Enzensberger, *Bildzeitung*)

Auftakt
Unbetonte, der ersten Hebung vorangehende Silbe(n) am Versanfang.
Beispiel:
„Mir ist ich weiß nicht wie / ich seuffze für und für."
(Andreas Gryphius, *Thränen in schwerer Krankheit*)

Aufzählungen
Häufung von Begriffen oder Ausdrücken.
„Itzt Blumen morgen Kot / wir sind ein Wind / ein Schaum /
Ein Nebel / eine Bach / ein Reiff / ein Tau' ein Schaten."
(Andreas Gryphius, *Thränen in schwerer Krankheit*)

Binnenreim
→ Reimformen

Bild
Sprachliche Form des anschaulichen, aber uneigentlichen Sprechens, d. h., der sprachliche Ausdruck meint nicht das Bild, sondern etwas anderes.
Beispiel: „Hektor ist stark wie ein Löwe."
Das sprachliche Bild kann verschiedene Formen haben, z. B. → Metapher, → Personifizierung, → Symbol, → Synekdoche, → Vergleich.

Chiffre
(frz. „Zahl", „Ziffer")
Sprach- oder Bildsymbol, das verkürzt auf einen komplexen Zusammenhang, der meist aus dem Kontext erschlossen werden muss, verweist.
Beispiel: „Zauberwald Merlins" (Eich, *WALD, BESTAND AN BÄUMEN, ZÄHLBAR*)

Correctio
(lat. „Verbesserung")
Rhetorische Figur der Selbstberichtigung.
Beispiel: „wie das tägliche Brot, wie Toast, was sag ich
wie Buchweizenpfannkuchen mit Sirup"
(Krechel *Episode am Ende*)

Daktylus
(griech. „Finger")
Dreisilbiger → Versfuß (Metrum), der aus einer langen (betonten) Silbe und zwei kurzen (unbetonten) Silben besteht.
Beispiel: „Daktylus"
–◡◡

Ellipse
(griech. „Auslassung")
Auslassung eines Wortes/Satzgliedes in einem Satz.
Beispiel:
„Itzt Blumen / morgen Kot / wir sind ein Wind / ein Schaum."
(Andreas Gryphius, *Thränen in schwerer Krankheit*)

Emphase
(griech. „Verdeutlichung")
Verstärkung, besonderer Nachdruck.
Beispiel: „Auch du auch du auch du" (Enzensberger *Bildzeitung*)

Enjambement
(frz. „Überschreitung")
Zeilensprung, Vers- und Satzende stimmen nicht überein, dadurch besondere Hervorhebung des Inhalts, Zeichen von Zusammenordnung/Zusammengehörigkeit, Steigerung der Dynamik.
Beispiel:
„du solltest dich einrichten, denn
wer sagte,
man müsse das Leben tapfer durchleben?"
(Wislawa Szymborska, *Werbeprospekt*)

Epanalepse
→ Geminatio

Epigramm
(gr. „Aufschrift")
Sinngedicht, meist als Zweizeiler, das einen Gedanken treffend formuliert (Kurzform der → Gedankenlyrik).
Beispiel:
„In den Ozean schifft mit tausend Masten der Jüngling;
Still, auf gerettetem Boot, treibt in den Hafen der Greis."
(Schiller, *Erwartung und Erfüllung*)

Epipher
(griech. „Zugabe")
Wiederholung desselben Wortes oder derselben Wortgruppe am Ende aufeinander folgender Satzglieder oder Sätze.
Beispiel:
„Ein Mann wohnt im Haus der spielt mit den Schlangen der
schreibt
der schreibt wenn es dunkelt nach Deutschland dein goldenes
Haar Margarete"
(Celan, Todesfuge)

Euphemismus
(griech. „Worte von guter Vorbedeutung sprechen")
Positive Umschreibung negativer Sachverhalte, dadurch Verschleierung der Realität, Beschwichtigung.
Beispiel: „Freisetzung von Arbeitskräften" für „Entlassung"

Farbsymbol
(Farbe + griech. „Kennzeichen", „Merkmal")
Konkrete Zeichen, in diesem Falle Farben, die auf abstrakte Inhalte hindeuten. Beispiele für Farbsymbole und ihre gängigen Bedeutungen:
- **braun:** Farbe des Bodens, mütterliche Farbe, im Mittelalter Symbol der Demut; auch Farbe der Nationalsozialisten
- **blau:** Farbe der Unendlichkeit, Sehnsucht, Treue und Verlässlichkeit, auch Farbe der Trauer und des Bösen
- **gelb:** Fruchtbarkeit, Sinnlichkeit, auch negativ als Farbe der Ausgestoßenen, Farbe des Neides
- **grün:** Farbe der Hoffnung, des aufbrechenden Lebens, der Liebe, auch negativ als Farbe des Todes
- **weiß:** Farbe der Reinheit, der Unschuld, auch als Farbe der Trauer
- **rot:** Farbe des Lebens, der Liebe, auch für Kampf, Gefahr, Blut; in der Bibel auch für Sünde

- **violett:** Treue, auch Buße
- **schwarz:** Farbe des Unglücks, der Trauer, des Bösen

Freie Rhythmen
Gedicht, bei dem feste metrische Formen, Reime, gleiche Vers- oder Strophenlänge aufgegeben werden, rhythmisch zumeist stark gegliedert (Unterschied zur Alltagssprache des → Prosavers).

Freie Verse
Gedicht, das wie → freie Rhythmen unterschiedliche Verslängen aufweist; im Gegensatz zu → freie Rhythmen mit Reim und metrischem Schema.
Beispiel: „Als mich mein Traum verschlug,
Fand ich mich wandern im schönsten Nachmittag
Den Hügel nieder, der schwebte und mit Flügeln schlug.
Zu meinen Füßen lag
Das Land in goldenem Staat,
Das Land in Schwaden rauschend der gereiften Saat."
(Franz Werfel, *Der Ritt*)

Gattung
Bezeichnung für die „Naturformen der Poesie" (Goethe), Lyrik, Drama, Epik, die sich auch gegenseitig durchdringen können; der Begriff „Gattung" wurde in neuerer Zeit durch „Textsorte" ersetzt.

Geminatio
(lat. „Verdoppelung")
Rhetorische Figur der Wortverdoppelung.

Gedankenlyrik
Gedicht, in dem philosophische oder theologische Gedanken gestaltet werden.
Beispiel: Benn, *Reisen*

Groteske
Verbindung von Unvereinbarem, dadurch Erheiterung, Wecken von Interesse, eventuell auch Entsetzen beim Leser.
Beispiel: Friedrich Dürrenmatt, *Die Physiker*

Hebung
Bezeichnung für die betonte Silbe im Vers, Kennzeichnung z. B. mit „–" oder mit „´". Gegensatz: → Senkung.

Humor
(lat. „Körpersaft", „Feuchtigkeit")
Haltung, die auch noch in widrigen Lebensumständen versöhnlich gestimmt ist und das Liebenswerte in der Unzulänglichkeit zu erkennen sucht; Gegensatz zum versöhnlichen Humor ist der schwarze Humor mit zynisch-pessimistischer Konfrontation.

Hymne
(griech-lat. „Festgesang")
Loblied auf Helden oder mit religiösem Inhalt, festlicher Grundton, nicht auf ein bestimmtes metrisches Schema festgelegt.
Beispiel: Johann Wolfgang von Goethe, *Ganymed*

Hypotaxe
(griech. „Unterordnung")
Fügung aus Haupt- und Nebensatz.

Ideologiesprache
Sprache, die sich der Begriffe einer bestimmten Weltanschauung bedient.
Beispiel: „Kriege der Klassen" (Brecht, *An die Nachgeborenen*)

Inversion
(lat. „Umstellung")

Umkehr der gewöhnlichen Wortfolge, meist Subjekt nach Prädikat, Herausstellung bedeutungstragender Wörter, Erhöhung der Eindringlichkeit.
Beispiel: „Heute weiß ich, keine Klugheit reichte
Je, zu füllen eines armen Mannes Magen. "
(Brecht, *Lied vom Rauch*)

Ironie
(griech. „Verstellung", „Vorwand")
Unwahre Behauptung, die das Gegenteil von dem meint, was sie ausdrückt.
Beispiel: Das ist aber ein schönes Wetter (bei Regen).

Jambus
(griech. „schleudern")
Zweisilbiger → Versfuß, der aus einer kurzen (unbetonten) und einer langen (betonten) Silbe besteht.
Beispiel: „Wer lacht hier, hat gelacht?"
(Grass, *Kinderlied*)

Kadenz
(zu lat. „fallen")
Form des Versendes, einsilbig (stumpfe oder männliche Kadenz) oder zweisilbig (klingende oder weibliche Kadenz).
Beispiel: „Ach, vergeblich das Fahren!
Spät erst erfahren Sie sich:
bleiben und stille bewahren
das sich umgrenzende Ich." (Benn Reisen)
- männliche Kadenz: V. 1 und V. 3
- weibliche Kadenz: V. 2 und V. 4

Kehrreim
→ Refrain

Klimax
(griech. „Leiter")
Steigernde Aufzählung vom schwächeren zum stärkeren Begriff (Gegenteil: Antiklimax).
Beispiel: „älter, tiefer und tot" (Brinkmann *Gedicht*)

Komik
(griech. „nächtlicher Umzug")
Der Begriff bezeichnet einen Effekt, der sich als Lächeln, Lachen oder Spott äußert und der auf dem Widerspruch zwischen angestrebtem und tatsächlichem Sinn, zwischen Schein und Sein beruht.

Konkrete Poesie
Überbegriff für Formen der modernen Lyrik, die sich der Sprache z. B. unter visuellen oder akustischen Gesichtspunkten bedient (z. B. in Form ornamentaler Anordnung).

Kreuzreim
→ Reimformen

Lautmalerei
Nachahmung von Lauten mit Hilfe der zur Verfügung stehenden Wörter oder metrischer Formen.
Beispiel: Jandl, *die zeit vergeht*

Lehrhafte Dichtung
Gedicht, meist aus dem Bereich der → Gedankenlyrik, mit einem lehrhaften, moralischen, aufklärenden Inhalt.
Beispiel: Benn, *Reisen*

Leitmotiv
Gegenstand, Situation oder Formulierung, die durch Wiederholung der Charakterisierung bzw. als Strukturhilfe dienen.
Beispiel: „Schwarze Milch der Frühe" (Celan, *Todesfuge*)

Litotes
(griech. „Einfachheit")
Verneinung des Gegenteils.
Beispiel: nicht schlecht

Lyrisches Ich
Bezeichnung für den Sprecher im Gedicht (entspricht dem Erzähler in epischen Texten), darf nicht mit dem Dichter verwechselt werden, auch wenn es ihm in Stimmungen und Gedanken sehr nahe kommen mag.

Metapher
(gr. „Übertragung")
Bildhafter Ausdruck, bildhafte Unterstützung der Aussage, Verstärkung der Suggestion im Dienste von Aufwertung oder Abwertung.
Beispiel: „Schuh schnüren" als Aufbruch
(Bachmann, *Die gestundete Zeit*)

Metonymie
(aus griech. „einen anderen Namen bekommen")
Umbenennung, indem verwandte Begriffe vertauscht werden.
Beispiel: „Sie liest Kafka."

Metrum
(griech. „Maß")
1. Bezeichnung für kleinste Einheit im Vers (= Versfuß), mehrere Metren bilden das Versmaß.
2. Bezeichnung für Versmaß, das sich nach Betonung und Dauer bestimmt und den Takt (Versfuß) als kleinste rhythmische Einheit hat.
Aufgrund der natürlichen Sinnbetonung unterscheidet man die Versfüße → Jambus, → Trochäus, → Daktylus, → Anapäst.

Montage
(frz. „Zusammenstellung", „Aufbau")

Ausdruck urspr. aus Film, nun auch auf Drama, Epik und Lyrik angewandt, der die Zusammenstellung von Teilen unterschiedlicher Herkunft zu einem neuen Sinnzusammenhang meint; Ziel: Sichtbarmachung von Zusammenhängen, Anregung zum Nachdenken.
Beispiel:
„Markenstecher Uhrenkleber", aus den Worten: „Markenkleber", „Stechuhr"; „Manitypistin Stenoküre", aus: „Stenotypistin", „Maniküre" (Enzensberger, *Bildzeitung*)

Motiv
(lat. „bewegen")
Beweggrund von Handlung; in der Dichtung auch als abstraktes thematisches Grundschema.
Beispiel: Angst des Individuums in Bachmanns *Die gestundete Zeit*

Naturlyrik
Bezeichnung für Gedichte mit Beschreibungen von Naturerscheinungen.
Beispiel: Lehmann, *Februarmond*

Neologismus
(aus griech. „neu" + „Wort")
Wortneuschöpfung
Beispiel: „Markenstecher Uhrenkleber "
(Enzensberger *Bildzeitung*)

Nominalstil
Übertriebener Gebrauch von Substantiven.
Beispiel: „der Verkauf des Hauses des der Stadt Entflohenen"

Oxymoron
(aus griech. „scharf" + „dumm")
Verbindung einander widersprechender Begriffe.
Beispiel: „schwarze Milch" (Celan, *Todesfuge*)

Paarreim
→ Reimformen

Paradoxon
(griech. „gegen" + „Meinung, Lehre")
Scheinwiderspruch, der bei genauerer Betrachtung auf eine höhere Wahrheit verweist.
Beispiel: „Grab in den Lüften" (Celan, *Todesfuge*)

Parallelismen
(griech. „gleichlaufend")
Wiederholung von gleichen syntaktischen Fügungen.
Beispiel: „Hier ist die Rede vom Salz, das brennt in den Wunden.
Hier ist die Rede vom Tod, von vergifteten Sprachen."
(Meckel, *Rede vom Gedicht*)

Parataxe
(griech. „Danebenstellen")
Aneinanderreihung von Hauptsätzen, Gegensatz: Hypotaxe.
Beispiel:
Ernst isst, Heike schläft, Klaus singt, und Henriette liest.

Parenthese
(griech. „Einschub")
Vollständiger Satz wird in geschlossene Satzkonstruktion eingeschoben.
Beispiel: „Es war früh am Morgen – die Sonne war schon aufgegangen –, als sie endlich zu Hause ankamen."

Pars pro toto
→ Synekdoche

Personifizierung
(aus griech. „Person" + „machen")

Vermenschlichung.
Beispiel: „Einstmals, vor das Alter meine Haare bleichte" (Brecht, *Lied vom Rauch*)

Pleonasmus
(aus gr. „reichlich vorhanden sein")
Zusammenstellung von Wörtern mit ähnlicher Bedeutung.
Beispiel: „weißer Schimmel"

Poesie
(gr. „machen")
Allgemeine Bezeichnung für Dichtung; als Bezeichnung für Versdichtung steht sie im Gegensatz zur → Prosa.

Poetry Slam
(engl. „Dichtkunst" + „zuschlagen, knallen"
Öffentlicher Vortrag eines Textes, meist im Rahmen eines Dichterwettstreits, bei dem der Vortrag mit mimischer, gestischer und stimmlicher Ausgestaltung in einem vorher festgesetzten zeitlichen Rahmen zu geschehen hat und vom Publikum beurteilt wird.
Beispiel: Köhle, *China 285*

Pointe
(frz. „Spitze", „Schärfe")
Überraschende und effektvolle Wendung durch einen geistreichen Schlussgedanken; oft auf Lacheffekt angelegt.

Politische Lyrik
Gedichte, die politische Themen/Aspekte zum Inhalt haben. Ziel: Schärfung des Bewusstseins, der Kritikfähigkeit, auch politische Beeinflussung des Lesers.
Beispiel: Bertolt Brecht, *An die Nachgeborenen*

Polyptoton
(aus griech. „viel" + Fall)
Rhetorische Figur, bei der dasselbe Wort in verschiedenen Wortarten oder Flexionsformen auftritt.
Beispiel: „kältre Kälten" (Brecht, *Lied vom Rauch*)

Polysyndeton
(aus griech. „viel" + „verbunden")
Verbindung einzelner Wörter oder Satzglieder mit der gleichen Konjunktion; Gegensatz: → Asyndeton.
Beispiel:
„Die Zeitung und das Fernsehen und das Radio und das Internet sind wichtige Informationsquellen."

Prosa-Gedicht
Lyrische Bearbeitung eines Stoffe, ohne Endreim oder exaktes Metrum, ohne besonders betonten Rhythmus (Mitte zwischen rhythmischer Prosa und → freien Rhythmen).
Beispiel:
„Das kleine Haus unter Bäumen am See.
Vom Dach steigt Rauch.
Fehlte er,
Wie trostlos dann wären
Haus, Bäume und See." (Brecht, *Der Rauch*)

Reim
Gleichklang zweier oder mehrerer Wörter vom letzten betonten Vokal an.
Beispiel: „Wer lacht hier, hat gelacht?
Hier hat sich's ausgelacht.
Wer hier lacht, macht Verdacht,
daß er aus Gründen lacht."
(Grass, *Kinderlied*)

Reimformen

Binnenreim: Reimwörter innerhalb einer Verszeile
Beispiel:
„Vom Himmel kommt es,
Zum Himmel steigt es,
Und **wieder nieder**
Zur Erde muss es
Ewig wechselnd."
(Johann Wolfgang von Goethe, *Gesang der Geister über den Wassern*)

Kreuzreim: abab
Beispiel:
„Ich vant âne huote
die vil minneclîchen eine stân.
sâ dô sprach diu guote,
‚waz welt ir sô eine her gegân?'"
(Albrecht von Johansdorf, *Ich vant âne huote*)

Paarreim: aabb
Beispiel:
„Nur oben in des Königs Schloss,
Da flackert's, da lärmt des Königs Tross."
Dort oben in dem Königssaal,
Belsazar hielt sein Königsmahl."
(Heinrich Heine, *Belsazar*)

Reiner Reim:
Reimsilben zweier oder mehrerer Verse sind vom letzten betonten Vokal an vollkommen identisch.
Beispiel:
„verw**esen**", „erl**esen**"

Schweifreim: aabccb
Beispiel:
„Als mitten in dem Feld mich / HErr / der Todt ergriff /
Der hinter mir in Sturm / vor mir in Flammen lieff /
Vor mir die Bahn verfällt / und über mir die Hütten
In leichte Splitter stieß. Doch lebt ich / HErr / durch dich /
Mir selber war ich todt / dein Engel wacht um mich /
Stets neu gebohren wird / den GOtt wil stets begütten."
(Andreas Gryphius, *Auf das grausame Ungewitter*)

Umschließender/umarmender Reim: abba
Beispiel:
„Sooft der Mond mag scheinen,
Gedenk' ich dein allein,
Mein Herz ist klar und rein,
Gott wolle uns vereinen!"
(Clemens Brentano, *Der Spinnerin Lied*)

Unreiner Reim
Reimsilben zweier Verse sind ähnlich, aber nicht identisch.
Beispiel: „spannte" / „Lande"

Rhetorische Frage
Uneigentliche Frage, die Zustimmung oder Ablehnung implizieren.
Beispiel:
„Ist damit nicht alles in bester Ordnung?"

Rhythmus
(zu griech. „fließen")
Harmonische Sprachbewegung, die aus dem Metrum und der dem natürlichen Sinn folgenden Betonung resultiert.

Rollengedicht
Lyrisches Ich spricht aus einer bestimmten Rolle heraus, die meist durch den Titel definiert wird.
Beispiel: Szymborska, *Werbeprospekt*

Rührender Reim
Gleichklang zweier oder mehrer Wörter vom letzten betonten Vokal an, der auch die davor stehenden Konsonanten einschließt.
Beispiel: „schwirrt es / Wirtes"

Satire
(lat. „Fruchtschale")
Keine Gattung, sondern eine Haltung, die mit allen literarischen Gattungen eine Verbindung eingehen kann. Kennzeichen: spöttische Haltung, die indirekt kritisiert und dadurch eine Verbesserung der Zustände erreichen will.
Beispiel:
„Einst haben die Kerls auf den Bäumen gehockt,
behaart und mit böser Visage.
Dann hat man sie aus dem Urwald gelockt
Und die Welt asphaltiert und aufgestockt,
bis zur dreißigsten Etage.

Da saßen sie nun, den Flöhen entflohn,
in zentralgeheizten Räumen.
Da sitzen sie nun am Telefon
Und es herrscht noch genau derselbe Ton
Wie seinerzeit auf den Bäumen."
(Erich Kästner, *Die Entwicklung der Menschheit*)

Schweifreim
→ Reimformen

Senkung
Unbetonte Silbe im Gegensatz zur betonten Silbe (→ Hebung). Kennzeichnung z. B. mit „∪".

Sinnbild
Deutsches Wort für → Symbol bzw. Emblem.

Sinngedicht
Deutsches Wort für → Epigramm.

Snap Shot (engl. „Schnappschuss")
Begriff aus der Alltagslyrik, der eine lyrische Momentaufnahme bezeichnet.
Beispiel: Brinkmann, *Einen jener klassischen...*

Song (engl. „Lied")
Gesungenes Textelement des Epischen Theaters, wird von Brecht als Mittel zur Erzeugung des Verfremdungseffektes benutzt.
Beispiel: Brecht, *Lied vom Rauch*

Sonett
(zu ital. „Ton", „Klang")
Streng aufgebaute Gedichtform, bestehend aus zwei Quartetten und zwei Terzetten, inhaltlich wird oft subjektiv Erlebtes gedanklich objektiviert.
Beispiel: Meckel, *Rede vom Gedicht*

Stabreim
→ Alliteration

Stil
(lat. „Griffel")
Besondere Eigenart einer künstlerischen Darstellungs- und Ausdrucksweise.

Strophe
(griech. „Wendung")
Verbindung mehrerer Verse zu einer Sinneinheit als (auch optisches) Gliederungselement eines Gedichtes.

Symbol
(griech. „Kennzeichen", „Merkmal")
Konkretes Zeichen, das auf abstrakten Inhalt hindeutet, das Bild vertritt die gemeinte Sache.
Beispiel: „Töpfe" (Brinkmann, *Gedicht*)

Synekdoche
(griech. „andeutend", „Mitverstehen")
Engerer Begriff steht für weiteren Begriff, ein Teil steht für das Ganze (→ pars pro toto).
Beispiel: „der Mensch" für „die Menschheit"

Takt
→ Metrum

Terzine
(ital. „das Dritte")
Ital. Strophenform, mehrere meist jambische Dreizeiler werden durch eine besondere Reimtechnik aneinander gekettet (der 2. Vers gibt jeweils das Reimwort für den 1. und 3. Vers der folgenden Strophe vor): aba bcb cdc ...
Beispiel: Karl Krolow, *Terzinen vom früheren Einverständnis mit aller Welt*

Trias
(griech.-lat. „Dreiheit")
Drei-Wort-Häufung.
Beispiel:
„schön besudelt mit Strafzetteln, / Schweiß, atomarem Dreck"
(Hans Magnus Enzensberger, *Bildzeitung*)

Trochäus
(griech. „laufen")
Zweisilbiger Versfuß (→ Metrum), der aus einer langen (betonten) und einer kurzen (unbetonten) Silbe besteht.
Beispiel: er pfeift (–∪), seine (–∪)

Umgangssprachliche Wendungen
Worte aus der gesprochenen Sprache.
Beispiel:
„Fällt hin der Mann. Steht auf / Kriegt Fresse voll. Ein Fotograf macht Geld / Mit seinem Blut. (...)"
(Rolf Haufs, *Jeden Tag*)

Umschließender/umarmender Reim
→ Reimformen

Unreiner Reim
→ Reimformen

Verbalstil
Art des Schreibens, bei der zahlreiche bedeutungstragende Verben vorkommen. Gegensatz: Nominalstil.
Beispiel:
„Drüben versinkt dir die Geliebte im Sand,
er steigt um ihr wehendes Haar,
er fällt ihr ins Wort,
er befiehlt ihr zu schweigen,
er findet sie sterblich
und willig dem Abschied
nach jeder Umarmung.
Sieh dich nicht um."
(Ingeborg Bachmann, *Die gestundete Zeit*)

Vergleich
Verbindung zweier Bereiche mittels eines Vergleichspunkts („*tertium comparationis*“), zumeist mit dem Vergleichswort „wie“, konstitutiv sind Vergleichspartikel.
Beispiel: „Er ist so stark **wie** ein Löwe.“

Vers
(lat. „Reihe“, „Zeile“, „Umwendung“)
Gegliederte, poetisch gestaltete Wortfolge (Gegensatz: Prosa).
Beispiel:
„Gemächlich in der Werkstatt saß
Zum Frühstück Meister Nikolas;
Die junge Hausfrau schenkt' ihm ein,
Es war im heitern Sonnenschein. –
Die Sonne bringt es an den Tag.“
(Adalbert Chamisso, *Die Sonne bringt es an den Tag*)

Versfuß
→ Metrum

Versmaß
→ Metrum

Visuelle Poesie
Lyrisches Genre, das über die Buchstabenzeichen hinaus die grafische Gestaltung als bedeutungstragendes Zeichen nutzt.
Beispiel: Gomringer, *Schweigen*

Waise
Reimloser Vers innerhalb eines gereimten Versgefüges.

Wiederholung
Begriffe oder ganze Sätze werden wortgleich mehrfach verwendet.

Beispiel:
„**Ich** schreibe ein Gedicht.
Ich veranstalte eine Expedition.
Ich mache mich davon aus Antwort und Beweis."
(Wolfgang Weyrauch, *Mein Gedicht*)

Zäsur
(lat. „Einschnitt")
Regelmäßig wiederkehrende Pause innerhalb eines Verses, durch die der Versfuß getrennt wird.
Beispiel:
„Mir ist ich weiß nicht wie / ich seuffze für und für.
Ich weyne Tag und Nacht / ich sitz in tausend Schmertzen"
(Andreas Gryphius, *Thränen in schwerer Krankheit*)

Zeilenstil
Zeilenstil bezeichnet das regelmäßige Zusammenfallen des Versendes mit einem syntaktischen Einschnitt oder zumindest dem Ende eines Satzgliedes. → Enjambement

Literaturverzeichnis

Primärtexte

Artmann, Hans Carl: *ein django der muß haben.* In: Ders.: Das poetische Werk. Bd. 7. Unter Mitwirkung des Autors hrsg. von Klaus Reichert. Berlin u. a.: Rainer Verlag, Renner Verlag, 1994, S. 19.

Ausländer, Rose: *Blatt II.* In: Dies.: Ich höre das Herz des Oleanders. Gedichte 1977–1979. Frankfurt am Main: S. Fischer, 1984, S. 36.

Bachmann, Ingeborg: *Entfremdung.* In: Dies.: Werke 1: Gedichte, Hörspiele, Libretti, Übersetzungen. München: Piper, 5. Aufl. 1998, S. 13.

Becker, Jürgen: *Gedicht, sehr früh.* In: Ders.: Das Ende der Landschaftsmalerei. Gedichte. Frankfurt am Main: Suhrkamp, 1974, S. 93.

Biermann, Wolf: *Und als wir ans Ufer kamen.* In: Ders.: Preußischer Ikarus. Lieder, Balladen, Gedichte, Prosa. Köln: Kiepenheuer & Witsch, 1978, S. 71.

Born, Nicolas: *Drei Wünsche.* In: Ders.: Gedichte. Hrsg. von Katharina Born. Reinbek: Rowohlt, 2004, S. 103.

Bremer, Claus: *Nicht nur informieren haltungen provozieren.* In: Eugen Gomringer (Hrsg.): konkrete poesie. deutschsprachige autoren. Stuttgart: Reclam, 2005, S. 36.

Brinkmann, Rolf Dieter: *Die Orangensaftmaschine.* In: Ders.: Westwärts 1&2. Gedichte. Reinbek: Rowohlt, 1975, S. 24.

Brinkmann, Rolf Dieter: *Einen jener klassischen...* In: Ders.: Westwärts 1&2. Gedichte. Reinbek: Rowohlt, 1975, S. 25.

Brinkmann, Rolf Dieter: *Gedicht.* In: Ders.: Westwärts 1&2. Gedichte. Reinbek: Rowohlt, 1975, S. 41.

Brinkmann, Rolf Dieter: *Standphotos. Gedichte 1962–1970.* Reinbek bei Hamburg: Rowohlt, 1980.

Delius, Friedrich Christian: *Hymne.* In: Ders.: Kerbholz. Gedichte. Berlin: Verlag Klaus Wagenbach, 1965, S. 29.

Döhl, Reinhard: *Apfel*, Apfel ... *Wurm*. In: Eugen Gomringer (Hrsg.): konkrete poesie. deutschsprachige autoren. Stuttgart: Reclam, 2005, S. 38.
Domin, Hilde: *Losgelöst*. In: Dies.: Rückkehr der Schiffe. Frankfurt am Main: S. Fischer, 1962, S. 11.
Eichendorff, Joseph von: *Ihm ist's verliehn*. In: Ders.: Sämtliche Gedichte. Text und Kommentar. Hrsg. v. Hartwig Schultz. Frankfurt am Main: Deutscher Klassiker Verlag, 2006, S. 40.
Enzensberger, Hans Magnus: *Autobahndreieck Feucht*. In: Ders.: Die Furie des Verschwindens. Frankfurt am Main: Suhrkamp, 1980, S. 20 f.
Enzensberger, Hans Magnus: *Ins Lesebuch für die Oberstufe*. In: Hans-Joachim Willberg (Hrsg.): Deutsche Gegenwartslyrik. Stuttgart: Reclam, 1989, S. 71.
Enzensberger, Hans Magnus: *Poesie und Politik*. In: Ders.: Einzelheiten. Frankfurt am Main: Suhrkamp, 1962, S. 334–354.
Fels, Ludwig: *Alte Befehle*. In: Ders.: Alles geht weiter. Gedichte. Darmstadt: Luchterhand, 1977, S. 21.
Fried, Erich: *Beim Nachdenken über Vorbilder*. In: Ders.: Gesammelte Werke. Bd. 1. Hrsg. von Volker Kaukoreit und Klaus Wagenbach. Berlin: Wagenbach, 1998, S. 379.
Gomringer, Eugen (Hrsg.): *konkrete poesie. deutschsprachige autoren.* Stuttgart: Reclam, 2005.
Grass, Günter: *Kinderlied*. In: Ders.: Sämtliche Gedichte 1956-2007. Hrsg. und mit einem Nachwort versehen von Werner Frizen. München: DTV, 2007, S. 59.
Grünbein, Durs: *Alba*. In: Ders.: Falten und Fallen. Gedichte. Frankfurt am Main: Suhrkamp, 1994, S. 95.
Grünbein, Durs: *Nostalgischer Krebs*. In: Ders.: Erklärte Nacht. Gedichte. Frankfurt am Main: Suhrkamp, 2002, S. 60.
Grünbein, Durs: *Turnstunde*. In: Ders.: Strophen für übermorgen. Frankfurt am Main: Suhrkamp, 2007, S. 21.
Hahn, Ulla: *Kreuzweise*. In: Hans-Joachim Willberg (Hrsg.): Deutsche Gegenwartslyrik. Stuttgart: Reclam, 1989, S. 118.

Hahn, Ulla: *Mit Haut und Haar*. In: Dies.: Herz über Kopf. Gedichte. Stuttgart: DVA, 1981, S. 7.

Haufs, Rolf: *Jeden Tag*. In: Ders.: Felderland. Gedichte. München, Wien: Hanser, 1986, S. 72.

Huchel, Peter: *Das Zeichen*. In: Ders.: Chausseen Chausseen. Gedichte. Frankfurt am Main: Fischer, 1963, S. 9 f.

Jandl, Ernst: *wien: heldenplatz* . In: Ders.: Gesammelte Werke. Hrsg. von Klaus Siblewski. Bd. 1: Gedichte 1. Darmstadt, Neuwied: Luchterhand, 1985, S. 124.

Jandl, Ernst: *die zeit vergeht*. In: Ders.: Gesammelte Werke. Hrsg. von Klaus Siblewski. Bd. 1: Gedichte 1. Darmstadt, Neuwied: Luchterhand, 1985, S. 345.

Jandl, Ernst: *Das Gedicht zwischen Sprachnorm und Autonomie*. In: Ludwig Völker (Hrsg.): Lyriktheorie. Texte vom Barock bis zur Gegenwart. Stuttgart: Reclam, 1990, S. 417–421.

Kaschnitz, Marie Luise: *Nicht gesagt*. In: Dies.: Gedichte. Ausgewählt von Peter Huchel. Frankfurt am Main: Suhrkamp, 1975, S. 82.

Köhle, Markus: *China 285*. In: Ders.; Medusa, Mietze (eigentlich: Doris Mitterbacher): Sprechknoten. Spoken Word, Performance und Slam Poetry. [Cd mit Textbuch] Klagenfurt: Sisyphus, 2007, Text Nr. 18.

Krechel, Ursula: *Episode am Ende*. In: Dies.: Nach Mainz! Gedichte. München: DTV, 1983, S. 60.

Krolow, Karl: *Neues Wesen*. In: Ders.: Gesammelte Gedichte 2. Frankfurt am Main: Suhrkamp, 1975, S. 86.

Kunert, Günter: *Nachtfahrt*. In: Abtötungsverfahren. Gedichte. München, Wien: Hanser, 1980, S. 79.

Meckel, Christoph: *Rede vom Gedicht*. In: Ders.: Ausgewählte Gedichte 1955 –1978. Königstein/Ts.: Athenäum, 1979, S. 80.

Mörike, Eduard: *Er ist's*. In: Ders.: Werke in einem Band. Hrsg. von Herbert G. Göpfert. München: Hanser, 4., durchges. Aufl. 1993, S. 29.

Mon, Franz: *panoptikum.* In: Ders.: Poetische Texte 1951–1970. Gesammelte Werke Bd. 2. Berlin: Janus Press, 1995, S. 208.
Rathenow, Lutz: *Jemand.* In: Sascha Anderson; Elke Erb (Hrsg.): Berührung ist nur eine Randerscheinung. Neue Literatur aus der DDR. Köln: Kiepenheuer & Witsch, 1985, S. 34.
Rühm, Gerhard: *eigentum ist diebstahl.* In: Ders.: gesammelte gedichte und visuelle texte. Reinbek: Rowohlt, 1970, S. 176.
Rühmkorf, Peter: *Strömungslehre I. Poesie.* Reinbek: Rowohlt, 1978.
Thenior, Ralf: *Die Fastfrau (Ein Liebesgedicht).* In: Hans-Joachim Willberg (Hrsg.): Deutsche Gegenwartslyrik. Stuttgart: Reclam, 1989, S. 123.
Ulrichs, Timm: *stets.* In: Eugen Gomringer (Hrsg.): konkrete poesie. deutschsprachige autoren. Stuttgart: Reclam, 2005, S. 141.
von der Grün, Max: *Unter Tag.* In: Industriegewerkschaft Bergbau (Hrsg.): Wir tragen ein Licht durch die Nacht. Gedichte aus der Welt des Bergmanns. Bochum: IG Bergbau 1960, S. 59.
Zahl, Peter-Paul: *panhumanismus.* In: Fritz Hüser, Max von der Grün, Wolfgang Promies (Hrsg.): Aus der Welt der Arbeit. Almanach der Gruppe 61 und ihrer Gäste. Neuwied, Berlin: Luchterhand, 1966, S. 137.

Forschungsliteratur

Best, Otto F.; Schmitt, Hans-Jürgen (Hrsg.): *Die deutsche Literatur. Ein Abriss in Text und Darstellung.* Bd. 16: Gegenwart. Hrsg. von Gerhard R. Kaiser. Stuttgart: Reclam, 1975
Best, Otto F.: *Handbuch literarischer Fachbegriffe. Definitionen und Beispiele.* Frankfurt am Main: Fischer-Taschenbuch-Verlag, überarb. Neuausgabe, 7. Aufl. 2004.
Beutin, Wolfgang u. a. (Hrsg.): *Deutsche Literaturgeschichte. Von den Anfängen bis zur Gegenwart.* Stuttgart, Weimar: Metzler, 6., verb. u. erw. Aufl. 2001, S. 511–702.

Bingel, Horst (Hrsg.): *Zeitgedichte. Deutsche politische Lyrik seit 1945*. München: Piper, 1963.

Forster, Heinz; Riegel, Paul: *Deutsche Literaturgeschichte: Die Gegenwart 1968–1990.* München: DTV, 1998.

Glaser, Hermann: *Deutsche Kultur 1945–2000.* München: Hanser, 1997.

Hoffmann, Dieter: *Arbeitsbuch Deutschsprachige Lyrik seit 1945*. 2., überarb. Aufl. Tübingen, Basel: Francke, 2004.

Kaiser, Gerhard R.: *Gegenwart.* Stuttgart: Reclam, 1985 (Die deutsche Literatur. Ein Abriss in Text und Darstellung, Bd. 16).

Korte, Hermann: *Deutschsprachige Lyrik seit 1945*. Stuttgart, Weimar: Metzler, 2004.

Korte, Hermann: *Geschichte der deutschen Lyrik seit 1945.* Stuttgart: Metzler, 1989 (Sammlung Metzler, Bd. 250).

Lurker, Manfred: *Wörterbuch der Symbolik*. Stuttgart: Kröner, 5., durchges. u. erw. Aufl. 1991.

Patzer, Georg: *Deutsche Lyrik von 1945 bis zur Gegenwart*. 2. Aufl. Lichtenau: AOL, 2005.

Theobaldy, Jürgen: *Nachbemerkung zu „Und ich bewege mich doch"*. In: Ludwig Völker (Hrsg.): Lyriktheorie. Texte vom Barock bis zur Gegenwart. Stuttgart: Reclam, 1990, S. 422–424.

Willberg, Hans-Jochim: Deutsche Gegenwartslyrik. Eine poetologische Einführung. Stuttgart: Reclam, 1989.